A Wedding Ceremony to Remember

Una Boda Inolvidable

*I love you
now, forever and always*

*Te amo
ahora y para siempre*

A Wedding Ceremony to Remember

Una Boda Inolvidable

Marty and Carol Younkin

1st Edition
Printed in the United States of America

Editor: Carol Sage-Younkin

Cover Designer: Lauren Kerrigan

Illustrator: McKenna Reyna

Publisher: *Love♥Notes*

ISBN: 978-0-9668745-3-2
      0-9668745-3-6

Published by LoveNotes, Sachse, TX

Love♥Notes
lovenotesweddings.com

TABLE OF CONTENTS

LA TABLA DE CONTENIDO

Wedding Ceremonies

✂

Las Ceremonias de Boda

We have come together
to celebrate . . .

Nos hemos reunido
para celebrar . . .

Traditional Ceremony

(Semi-religious)

English

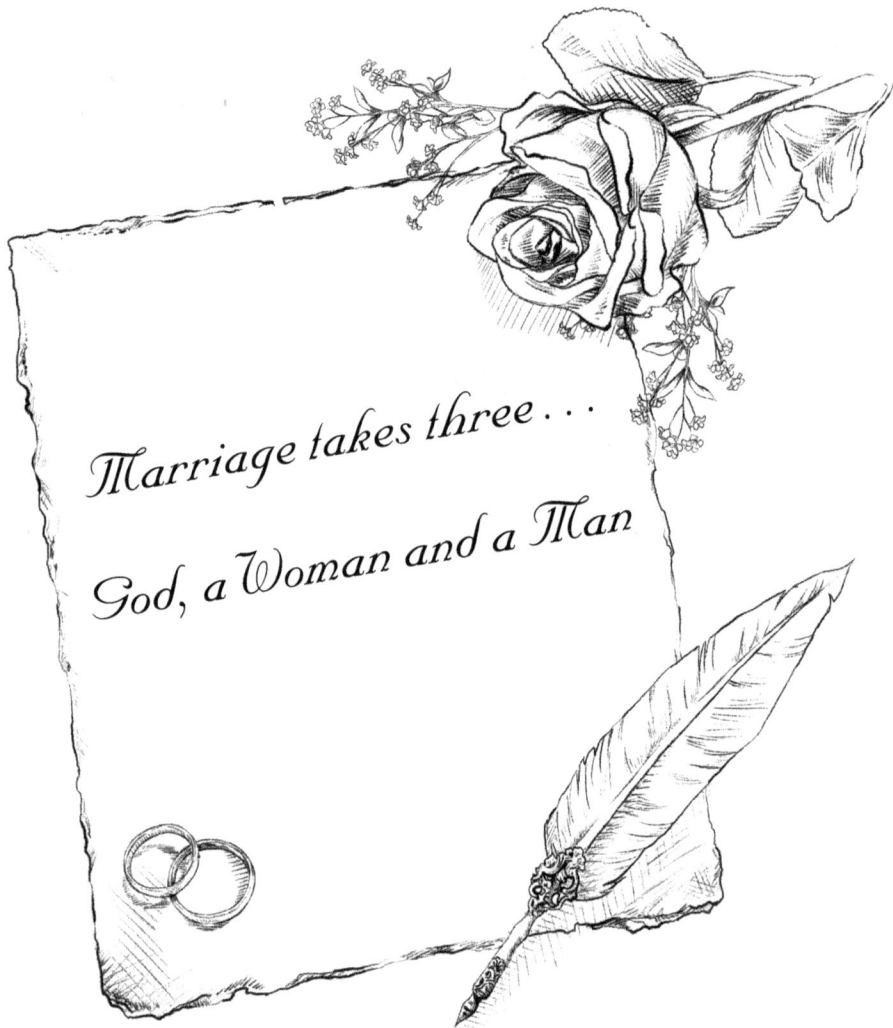

Marriage takes three . . .

God, a Woman and a Man

TRADITIONAL CEREMONY

WELCOME

Welcome to all the friends and family of the Bride and Groom. Today, we have come together in the presence of God to join Groom and Bride in holy matrimony and to add our best wishes to their union. Marriage is a gift from God, given to us so that we might experience the joys and the blessings of unconditional love with a life-long partner. Groom and Bride have found this love in each other. So, I now ask you…

CONSENT

Groom, do you take **Bride** to be your wedded wife, to live together after God's ordinance in the holy estate of matrimony? Do you promise to love her, comfort her, respect her, honor and keep her, in sickness and in health, in prosperity and adversity, and forsaking all others, remain faithful to her as long as you both shall live?

(Groom): I do.

Bride, do you take **Groom** to be your wedded husband, to live together after God's ordinance in the holy estate of matrimony? Do you promise to love him, comfort him, respect him, honor and keep him, in sickness and in health, in prosperity and adversity, and forsaking all others, remain faithful to him as long as you both shall live?

(Bride): I do.

Who gives **Bride** to be married to **Groom**?

(Escort): Her parents or Her Mother and her Father or Her family or I do or We do.

(Bride gives bouquet to Maid of Honor.)

ADDRESS AND READINGS

Groom and **Bride**, today is the beginning of a new life together for you. It marks the commencement of new relationships to your families, your friends, and to each other.

God knew your needs when he brought you together. He knew exactly who you needed to complement you and to make you complete. And now, God wants each of you to commit yourself to the one he has chosen to complete you.

Groom, God's Word tells us what kind of a husband a man should be.

"And you husbands, show the same kind of love to your wives as Christ showed to the church when He died for her. That is how husbands should be toward their wives, loving them in the same kind of way."

Bride, the qualities that make a woman truly beautiful have been written in the Holy Scriptures, the book of Proverbs:

"If you can find a truly good wife, she is worth more than precious gems! Her husband can trust her, and she will richly satisfy his needs. He praises her with these words: 'there are many fine women in the world, but you are the best of them all!'"

In the Holy Bible, God gives us His definition of love in the Love Chapter—I Corinthians, chapter 13.

The Love Chapter

"Love is patient and kind; love is not jealous or boastful; it is not arrogant or rude. Love does not insist on its own way; it is not irritable or resentful; it does not rejoice at wrong, but rejoices in the right. Love bears all things, believes all things, hopes all things, endures all things. Love never fails. So faith, hope, and love abide, these three; but the greatest of these is love."

And so, **Groom**, if you love **Bride** as Christ loves the church, and **Bride**, if you respond to **Groom** as unto the Lord, your companionship as husband and wife will blossom into a physical, emotional, and spiritual closeness to which nothing in this life can compare.

WEDDING VOWS

Groom, please repeat after me.

I, **Groom**, / take thee, **Bride**, / to be my wedded wife, / to have and to hold / from this day forward, / for better, for worse, / for richer, for poorer, / in sickness and in health, / to love and to cherish, / till death do us part. / This is my solemn vow.

Bride, please repeat after me.

I, **Bride**, / take thee, **Groom**, / to be my wedded husband, / to have and to hold / from this day forward, / for better, for worse, / for richer, for poorer, / in sickness and in health, / to love and to cherish, / till death do us part. / This is my solemn vow.

EXPLANATION OF THE RINGS

The wedding ring serves as a symbol of the promises you have just spoken. It is the outward and visible sign of an inward and invisible love that binds your hearts together.

May I have the tokens of **Groom's** and **Bride's** love for each other?
(Officiant receives rings from Ring Bearer or Ring Sponsors or other.)

BLESSING OF THE RINGS

Dear Lord, bless these rings that **Groom** and **Bride** give today. May these rings always be a symbol of their faithfulness, a seal upon their vows, and a reminder of their love. Amen.

RING EXCHANGE VOWS

Groom, please repeat after me.

With this ring, I thee wed, / and from this day forward, / I commit my love and my life / to you alone.

Bride, please repeat after me.

With this ring, I thee wed, / and from this day forward, / I commit my love and my life / to you alone.

THE UNITY CANDLE

The Unity Candle is a symbol of the union that exists between a man and a woman who enter the holy estate of matrimony. They are no longer two, but one. The Holy Bible says, "For this cause shall a man leave his father and mother, and shall cleave to his wife, and they shall become one flesh."

BLESSING OF THE HOLY BIBLE
(Sponsors bring the Holy Bible and rosary beads and place them in the hands of the Bride and Groom.)

(Blessing): Lord, bless this Bible and the lives of those who read it. We know the Holy Bible is the Word of God. We pray that it may be the spiritual guide that will light **Groom** and **Bride's** pathway and will guide them in all their decisions so that their will and the will of God are one. Amen.

(Sponsors take the Holy Bible and the rosary and sit down.)

EXPLANATION OF THE COINS
(Sponsors bring the box of coins and empty it into the Groom's hands.)

These thirteen coins are a symbol of the care that **Groom** and **Bride** will give in order that their home will have everything it needs. These coins also are a sign of the blessings of God and all the good things they will share together.

BLESSING OF THE COINS
(Blessing): Lord, may these coins be a symbol of your provision and favor throughout **Groom's** and **Bride's** lives. Provide them with all they need for their home and family. We give you thanks for all the good things they are going to share because of your many blessings, Lord. Amen.

COIN VOWS
(Groom drops the coins into the Bride's hands and repeats vows after Officiant.)

Bride, receive these thirteen coins / as a symbol of my dedication / in caring for our home / and providing for our family's necessities.

(Bride receives the coins from the Groom and repeats vows after Officiant.)

Groom, I accept your gift of dedication, / and I promise on my part / that everything provided / will be used with care / for the benefit of our home and family.

(Sponsors take the coins and sit down.)

BLESSING OF THE LASSO
(Sponsors bring forth the lasso and place it around the shoulders of the Bride and Groom.)

Groom and **Bride**, this lasso represents the eternal ties that bind you together—the union of two hearts into one heart, two souls into one soul, and two lives into one life, now and forever.

(Blessing): Oh Lord, bless this couple as they journey through life together. Unite them into one spirit… hand in hand, heart to heart, flesh to flesh, and soul to soul. Amen.

(Sponsors remove lasso and sit down.)

BLESSING OF THE VEIL

(Sponsors bring forth veil and place it over Brides's head and Groom's shoulders and pin to clothes.)

This veil, or mantel, covers the Bride and Groom today, reminding them that Christ covers us with his love. Their new home will be a place where God dwells because they choose to live under the mantel of his love and protection.

(Blessing): Lord, as **Groom** and **Bride** join their lives in marriage, cover them with your love as this veil covers them now. Protect them, strengthen them, and guide them throughout all their days together. And may they always choose to live under the mantel of your love. Amen.

(Sponsors remove veil and sit down.)

WEDDING PRAYER / BLESSING

Our Heavenly Father, we ask your blessing upon these two lives and the home they are establishing today. May the love they have for each other grow deeper and stronger because of their love for you. Lord, you guided them to each other, now guide them in this new journey as husband and wife. As they walk down this path, light their way so that they may keep their eyes focused on your will, their hands holding fast to your truth, their feet firmly planted in your Word, and their hearts bound together by your love. This we pray in the name of the Father, the Son, and the Holy Spirit. Amen.

(Sponsors remove the lasso and veil and sit down. Veil and Lasso may remain on couple until after final wedding blessing.)

PRONOUNCEMENT

Groom and **Bride**, since you have consented together in holy matrimony and have pledged yourselves to each other by your solemn vows, by the giving of rings, and have declared your commitment of love before God and these witnesses, I now pronounce you husband and wife, in the name of the Father, the Son, and the Holy Spirit. Those whom God has joined together, let no man separate.

KISS

Groom, you may kiss the Bride.

(Bride and Groom kiss.)

(Bride receives bouquet from Maid of Honor.)

PRESENTATION

Ladies and Gentlemen, it is an honor to introduce to you for the very first time as husband and wife, **(Mr. and Mrs.) Newlywed**.

NOTE: Hispanic traditions included are the Bible, Coins, Lasso, and Veil. Choose as many as you wish.

La Ceremonia Tradicional

(Religiosa)

Español

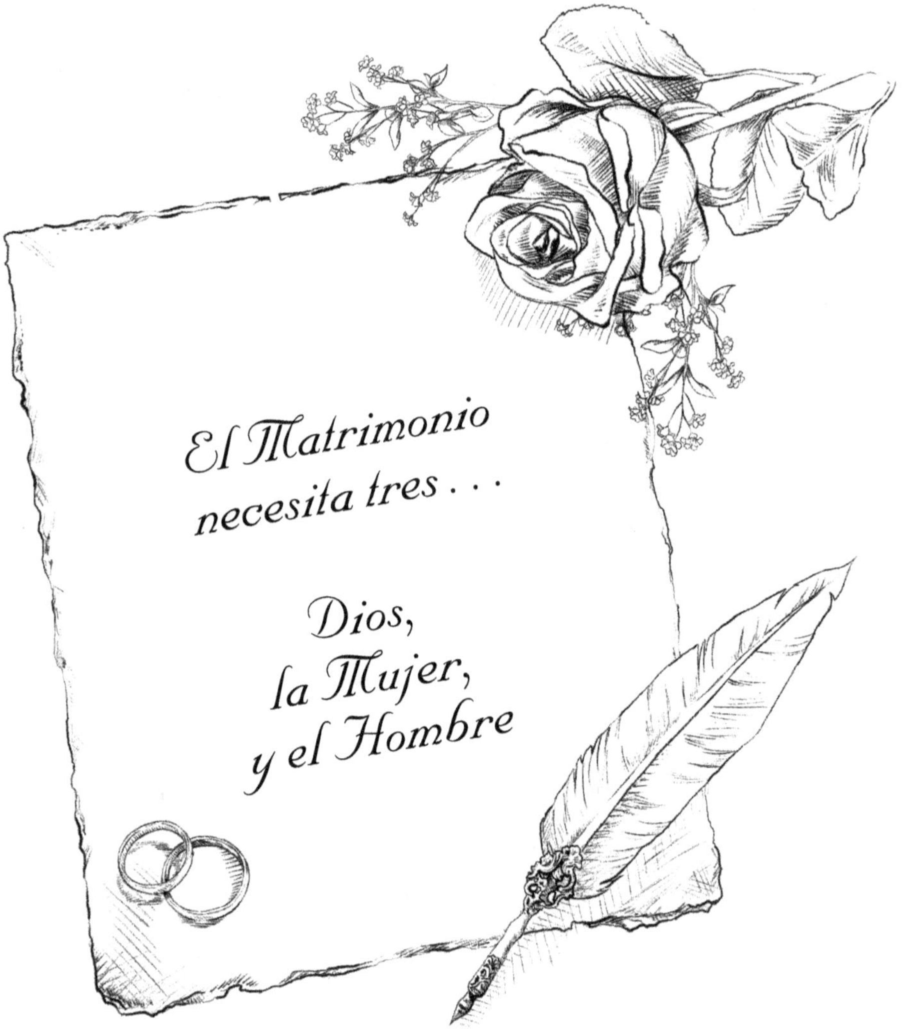
El Matrimonio
necesita tres . . .
Dios,
la Mujer,
y el Hombre

La Ceremonia Tradicional

LA BIENVENIDA

Bienvenidos a todos los amigos y familiares de los Novios. Estamos reunidos hoy en la presencia de Dios para unir a **El Novio** y **La Novia** en sagrado matrimonio y agregar nuestros mejores deseos a su unión. El matrimonio es un regalo de Dios que se nos da para que podamos experimentar las alegrías y las bendiciones del amor incondicional con un compañero de vida. **El Novio** y **La Novia** han encontrado este amor el uno en el otro. Ahora les pregunto...

EL ACUERDO

El Novio, ¿acepta a **La Novia** como su esposa, para vivir unidos según la ordenanza de Dios en el estado del santo matrimonio? ¿Promete amarla, consolarla, respetarla, honrarla y cuidarla, en la salud y en la enfermedad, en lo próspero y en lo adverso, rechazando a todas las demás, y mantenerse fiel a ella mientras vivan los dos?

(El Novio): Sí, acepto.

La Novia, ¿acepta a **El Novio** como su esposo, para vivir unidos según la ordenanza de Dios en el estado del santo matrimonio? ¿Promete amarlo, consolarlo, respetarlo, honrarlo y cuidarlo, en la salud y en la enfermedad, en lo próspero y en lo adverso, rechazando a todos los demás, y mantenerse fiel a él mientras vivan los dos?

(La Novia): Sí, acepto.

¿Quién entrega a **La Novia** en matrimonio a **El Novio**?

(El Acompañante): Sus padres o Su Madre y su Padre o Su familia o Yo la entrego or Nosotros la entregamos.

(La Novia le da el ramo de flores a la Madrina de Honor.)

LA HOMILÍA Y LAS LECTURAS

El Novio y **La Novia**, hoy es el principio de una nueva vida para vivir juntos. Marca el comienzo de nuevas relaciones con sus familias, sus amigos, y entre sí.

Dios conocía sus necesidades cuando Él los unió. Él sabía exactamente a quién era necesario para complementarse y completarse. Y ahora, Dios quiere que se comprometan el uno con el otro para ser completos en la manera que Él los eligió.

El Novio, la palabra de Dios nos dice qué clase de marido debe de ser el hombre.

"Y ustedes maridos, deben mostrar el mismo amor hacia sus mujeres así como Dios mostró a la iglesia cuando murió por ella. De esta manera los maridos deben ser hacia sus mujeres, amándolas de la misma manera."

La Novia, las cualidades que hacen a una mujer verdaderamente hermosa han sido escritas en los Proverbios de la Sagrada Escritura.

"¡Si puede encontrar una mujer virtuosa, ella es más valiosa que las joyas! Su marido le puede confiar, y ella ampliamente satisface sus deseos. Él la elogia con estas palabras: '¡Hay muchas mujeres buenas en el mundo, pero tú eres la mejor de todas!'"

En la Santa Biblia, Dios nos da su definición del amor en el Capítulo de Amor—1 Corintios, capítulo 13.

El Capítulo de Amor

"El amor es paciente y bondadoso; en el amor no hay celos ni jactancias; no es arrogante o cruel; el amor no insiste en su propia manera; no es irritable o resentido; no se alegra de lo malo sino se alegra de lo bueno. El amor tolera todo, cree en todo, desea todo, sobrevive todo. El amor nunca falla. Así pues, permanecen la fe, la esperanza, y el amor, estos tres; pero el mayor de ellos es el amor."

Y así, **El Novio**, si usted ama a **La Novia** como Dios ama a la iglesia, y **La Novia**, si usted responde a **El Novio** como al Señor, su compañerismo como esposo y esposa florecerá en una intimidad física, emocional, y espiritual a la que nada en esta vida se puede comparar.

LAS PROMESAS MATRIMONIALES

El Novio, repita después de mí.

Yo, **El Novio**, te recibo a ti, **La Novia**, / para ser mi esposa, / para tenerte y sostenerte / de hoy en adelante, / en el bien y en el mal, / en la riqueza y en la pobreza, / en la salud y en la enfermedad, / para amarte y respetarte, / hasta que la muerte nos separe. / Esta es mi solemne promesa.

La Novia, repita después de mí.

Yo, **La Novia**, te recibo a ti, **El Novio**, / para ser mi esposo, / para tenerte y sostenerte / de hoy en adelante, / en el bien y en el mal, / en la riqueza y en la pobreza, / en la salud y en la enfermedad, / para amarte y respetarte, / hasta que la muerte nos separe. / Esta es mi solemne promesa.

LA EXPLICACIÓN DE LAS ANILLOS

El anillo matrimonial sirve como un símbolo de las promesas que hoy se acaban de hacer. Es la señal exterior y visible del amor interno e invisible que une sus corazones.

¿Me permiten los símbolos del amor de **El Novio** y **La Novia**?
(El Oficiante recibe los anillos del Paje de Anillos o los Padrinos de Anillos u otro.)

LA BENDICIÓN DE LOS ANILLOS

(La Bendición): Señor, bendice estos anillos que hoy se entregan **El Novio** y **La Novia**. Que estos anillos siempre sean un símbolo de su fidelidad, un sello de su promesa, y un recordatorio de su amor. Amén.

EL INTERCAMBIO DE LOS ANILLOS

El Novio, repita después de mí.

Con este anillo me caso contigo, / y de hoy en adelante, / comprometo mi amor y mi vida / solamente a ti.

La Novia, repita después de mí.

Con este anillo me caso contigo, / y de hoy en adelante, / comprometo mi amor y mi vida / solamente a ti.

LA VELA DE UNIDAD

La Vela de Unidad es un símbolo de la unión que existe entre un hombre y una mujer que entran al terreno sagrado del santo matrimonio. Ya no son dos, sino uno solo. La Santa Biblia dice, *"Por tanto, dejará el hombre a su padre y a su madre, y se unirá a su mujer, y serán una sola carne."*

LA BENDICIÓN DE LA SANTA BIBLIA

(Los Padrinos traen la Santa Biblia y el rosario y los ponen en las manos de los Novios.)

(La Bendición): Señor, bendice esta Biblia y las vidas de quienes la leen. Sabemos que la Santa Biblia es la Palabra de Dios. Oramos para que sea la guía espiritual que ilumine su camino y los guíe en todas sus decisiones para que su voluntad y la voluntad de Dios sean una. Amén.

(Los Padrinos quitan la Santa Biblia y el rosario y se sientan.)

LA EXPLICACIÓN DE LAS ARRAS

(Los Padrinos traen la caja de arras y la vacían en las manos del Novio.)

Estas trece arras son el símbolo del cuidado que **El Novio** y **La Novia** proveerán para que su hogar tenga todo lo que necesite. Estas arras también son un signo de las bendiciones de Dios y de todos los bienes que compartirán juntos.

LA BENDICIÓN DE LAS ARRAS

(La Bendición): Señor, que estas arras sean un símbolo de tu provisión y favor a lo largo de la vida de **El Novio** y **La Novia**. Proporciónales todo que necesitan para su hogar y su familia. Te agradecemos por todos los bienes que compartirán, gracias a tus bendiciones, Señor. Amén.

LAS PROMESAS DE LAS ARRAS

(El Novio pone las arras en las manos de la Novia y repite sus promesas después del Oficiante.)

La Novia, reciba estas trece arras / como un símbolo de mi dedicación / en el cuidado de nuestro hogar / y para atender las necesidades de nuestra familia.

(La Novia recibe las arras del Novio y repite sus promesas después del Oficiante.)

El Novio, yo acepto tu regalo de dedicación, / y te prometo de mi parte / que todo lo proporcionado / será usado con cuidado / para el beneficio de nuestro hogar y familia.

(Los Padrinos quitan las arras y se sientan.)

LA BENDICIÓN DEL LAZO

(Los Padrinos traen el lazo y lo ponen alrededor de los hombros de los Novios.)

El Novio y **La Novia**, este lazo representa los lazos eternos que los unen—la unión de dos corazones en un corazón, dos almas en un alma, y dos vidas en una sola vida, ahora y para siempre.

(La Bendición): O Señor, bendice a esta pareja ahora que emprenden el camino de la vida juntos. Únelos en un solo espíritu...mano a mano, corazón a corazón, carne a carne, y alma a alma. Amén.

(Los Padrinos quitan el lazo y se sientan.)

LA BENDICIÓN DEL VELO

(Los Padrinos traen el velo and lo colocan sobre la cabeza de la Novia y los hombros del Novio y lo fijan a su ropa.)

Este velo, o manto, cubre a los Novios hoy, recordándoles que Cristo nos cubre con su amor. Su nuevo hogar será un lugar donde habita Dios porque eligen vivir bajo el manto de su amor y su protección.

(La Bendición): Señor, como **El Novio** y **La Novia** se unen a sus vidas en matrimonio, cúbrelos con tu amor como este velo los cubre ahora. Protégelos, fortalécelos, y guíalos a lo largo de todos sus días juntos. Y que siempre elijan vivir bajo el manto de tu amor. Amén.

(Los Padrinos quitan el velo y se sientan.)

LA BENDICIÓN MATRIMONIAL

Padre nuestro, te pedimos tu bendición sobre estas dos vidas y el hogar que hoy inician juntos. Que el amor que tienen el uno por el otro crezca más profundo y más fuerte debido a su amor por ti. Señor, tú los guiaste el uno al otro, ahora guíalos en esta nueva jornada como esposos. Mientras pasen por este camino, ilumina su sendero para que puedan mantener sus ojos enfocados hacia ti y tu voluntad, sus manos agarradas a tu verdad, sus pies plantados firmemente en tu palabra, y sus corazones unidos por tu amor. Oramos en el nombre del Padre, del Hijo, y del Espíritu Santo. Amén.

(Los Padrinos quitan el lazo y el velo y se sientan. El Velo y el Lazo pueden permanecer en la pareja hasta después de la bendición final de la boda.)

LA DECLARACIÓN

El Novio y **La Novia**, ya que han consentido ingresar juntos en santo matrimonio, y se han comprometido el uno al otro por sus votos solemnes, y por medio de la entrega de anillos, y han declarado su promesa de amor ante Dios y estos testigos, ahora yo los declaro marido y mujer, en el nombre del Padre, del Hijo, y del Espíritu Santo. Por tanto, lo que Dios ha unido, que no lo separe el hombre.

EL BESO

El Novio, puede besar a la Novia.

(Los Novios se besan.)

(La Novia recibe el ramo de flores de la Madrina de Honor.)

LA PRESENTACIÓN

Damas y Caballeros, es un honor presentarles por primera vez como marido y mujer,
El Señor y La Señora Recién Casados o **Los Señores Recién Casados** (su apellido).

NOTA: Las tradiciones hispanas incluyen La Biblia, las Arras, el Lazo, y el Velo. Puede elegir tantas como quiera.

Bilingual Traditional Ceremony

(Religious)

English—Spanish

❧

La Ceremonia Tradicional Bilingüe

(Religiosa)

Inglés—Español

Marriage takes three
God, a Woman and a Man

El Matrimonio necesita tres
Dios, la Mujer y el Hombre

TRADITIONAL CEREMONY ENGLISH

WELCOME

Welcome to all the friends and family of the Bride and Groom. Today, we have come together in the presence of God to join **Groom** and **Bride** in holy matrimony and to add our best wishes to their union. Marriage is a gift from God, given to us so that we might experience the joys and the blessings of unconditional love with a life-long partner. **Groom** and **Bride** have found this love in each other. So, I now ask you…

CONSENT

Groom, do you take **Bride** to be your wedded wife, to live together after God's ordinance in the holy estate of matrimony? Do you promise to love her, comfort her, respect her, honor and keep her, in sickness and in health, in prosperity and adversity, and forsaking all others, remain faithful to her as long as you both shall live?

(Groom): I do.

Bride, do you take **Groom** to be your wedded husband, to live together after God's ordinance in the holy estate of matrimony? Do you promise to love him, comfort him, respect him, honor and keep him, in sickness and in health, in prosperity and adversity, and forsaking all others, remain faithful to him as long as you both shall live?

(Bride): I do.

Who gives **Bride** to be married to **Groom**?

(Escort): Her parents or Her Mother and her Father or Her family or I do or We do.

(Bride gives bouquet to Maid of Honor.)

LA CEREMONIA TRADICIONAL ESPAÑOLA

LA BIENVENIDA

Bienvenidos a todos los amigos y familiares de los Novios. Estamos reunidos hoy en la presencia de Dios para unir a **El Novio** y **La Novia** en sagrado matrimonio y agregar nuestros mejores deseos a su unión. El matrimonio es un regalo de Dios que se nos da para que podamos experimentar las alegrías y las bendiciones del amor incondicional con un compañero de vida. **El Novio** y **La Novia** han encontrado este amor el uno en el otro. Ahora les pregunto…

EL ACUERDO

El Novio, ¿acepta a **La Novia** como su esposa, para vivir unidos según la ordenanza de Dios en el estado del santo matrimonio? ¿Promete amarla, consolarla, respetarla, honrarla y cuidarla, en la salud y en la enfermedad, en lo próspero y en lo adverso, rechazando a todas las demás, y mantenerse fiel a ella mientras vivan los dos?

(El Novio): Sí, acepto.

La Novia, ¿acepta a **El Novio** como su esposo, para vivir unidos según la ordenanza de Dios en el estado del santo matrimonio? ¿Promete amarlo, consolarlo, respetarlo, honrarlo y cuidarlo, en la salud y en la enfermedad, en lo próspero y en lo adverso, rechazando a todos los demás, y mantenerse fiel a él mientras vivan los dos?

(La Novia): Sí, acepto.

¿Quién entrega a **La Novia** en matrimonio a **El Novio**?

(El Acompañante): Sus padres o Su Madre y su Padre o Su familia o Yo la entrego o Nosotros la entregamos.

(La Novia le da el ramo de flores a la Madrina de Honor.)

ADDRESS AND READINGS

Groom and **Bride**, today is the beginning of a new life together for you. It marks the commencement of new relationships to your families, your friends, and to each other.

God knew your needs when he brought you together. He knew exactly who you needed to complement you and to make you complete. And now, God wants each of you to commit yourself to the one he has chosen to complete you.

Groom, God's Word tells us what kind of a husband a man should be.

"And you husbands, show the same kind of love to your wives as Christ showed to the church when He died for her. That is how husbands should be toward their wives, loving them in the same kind of way."

Bride, the qualities that make a woman truly beautiful have been written in the Holy Scriptures, the book of Proverbs:

"If you can find a truly good wife, she is worth more than precious gems! Her husband can trust her, and she will richly satisfy his needs. He praises her with these words: 'there are many fine women in the world, but you are the best of them all!'"

In the Holy Bible, God gives us His definition of love in the Love Chapter—1 Corinthians 13.

"Love is patient and kind; love is not jealous or boastful; it is not arrogant or rude. Love does not insist on its own way; it is not irritable or resentful; it does not rejoice at wrong, but rejoices in the right. Love bears all things, believes all things, hopes all things, endures all things. Love never fails. So faith, hope, and love abide, these three; but the greatest of these is love."

And so, **Groom**, if you love **Bride** as Christ loves the church, and **Bride**, if you respond to **Groom** as unto the Lord, your companionship as husband and wife will blossom into a physical, emotional, and spiritual closeness to which nothing in this life can compare.

LA HOMILÍA Y LAS LECTURAS

El Novio y **La Novia**, hoy es el principio de una nueva vida para vivir juntos. Marca el comienzo de nuevas relaciones con sus familias, sus amigos, y entre sí.

Dios conocía sus necesidades cuando Él los unió. Él sabía exactamente a quién era necesario para complementarse y completarse. Y ahora, Dios quiere que se comprometan el uno con el otro para ser completos en la manera que Él los eligió.

El Novio, la palabra de Dios nos dice que clase de marido debe de ser el hombre.

"Y ustedes maridos, deben mostrar el mismo amor hacia sus mujeres así como Dios mostró a la iglesia cuando murió por ella. De esta manera los maridos deben ser hacia sus mujeres, amándolas de la misma manera."

La Novia, las cualidades que hacen a una mujer verdaderamente hermosa han sido escritas en los Proverbios de la Sagrada Escritura.

"¡Si puede encontrar una mujer virtuosa, ella es más valiosa que las joyas! Su marido le puede confiar, y ella ampliamente satisface sus deseos. Él la elogia con estas palabras: '¡Hay muchas mujeres buenas en el mundo, pero tú eres la mejor de todas!'"

En la Santa Biblia, Dios nos da su definición del amor en el Capítulo de Amor—1 Corintios, capítulo 13.

"El amor es paciente y bondadoso; en el amor no hay celos ni jactancias; no es arrogante o cruel; el amor no insiste en su propia manera; no es irritable o resentido; no se alegra de lo malo sino se alegra de lo bueno. El amor tolera todo, cree en todo, desea todo, sobrevive todo. El amor nunca falla. Así pues, permanecen la fe, la esperanza, y el amor, estos tres; pero el mayor de ellos es el amor."

Y así, **El Novio**, si usted ama a **La Novia** como Dios ama a la iglesia, y **La Novia**, si usted responde a **El Novio** como al Señor, su compañerismo como esposo y esposa florecerá en una intimidad física, emocional, y espiritual a la que nada en esta vida se puede comparar.

WEDDING VOWS

Groom, please repeat after me.

I, **Groom**, / take thee, **Bride**, / to be my wedded wife, / to have and to hold / from this day forward, / for better, for worse, / for richer, for poorer, / in sickness and in health, / to love and to cherish, / till death do us part. / This is my solemn vow.

Bride, please repeat after me.

I, **Bride**, / take thee, **Groom**, / to be my wedded husband, / to have and to hold / from this day forward, / for better, for worse, / for richer, for poorer, / in sickness and in health, / to love and to cherish, / till death do us part. / This is my solemn vow.

EXPLANATION OF THE RINGS

The wedding ring serves as a symbol of the promises you have just spoken. It is the outward and visible sign of an inward and invisible love that binds your hearts together.

May I have the symbols of **Groom's** and **Bride's** love for each other?

(Officiant receives rings from Ring Bearer or Ring Sponsors or other.)

BLESSING OF THE RINGS

Dear Lord, bless these rings that **Groom** and **Bride** give today. May these rings always be a symbol of their faithfulness, a seal upon their vows, and a reminder of their love. Amen.

RING EXCHANGE VOWS

Groom, please repeat after me.

With this ring, I thee wed, / and from this day forward, / I commit my love and my life / to you alone.

Bride, please repeat after me.

With this ring, I thee wed, / and from this day forward, / I commit my love and my life / to you alone.

LAS PROMESAS MATRIMONIALES

El Novio, repita después de mí.

Yo, **El Novio**, te recibo a ti, **La Novia**, / para ser mi esposa, / para tenerte y sostenerte / de hoy en adelante, / en el bien y en el mal, / en la riqueza y en la pobreza, / en la salud y en la enfermedad, / para amarte y respetarte, / hasta que la muerte nos separe. / Esta es mi solemne promesa.

La Novia, repita después de mí.

Yo, **La Novia**, te recibo a ti, **El Novio**, / para ser mi esposo, / para tenerte y sostenerte / de hoy en adelante, / en el bien y en el mal, / en la riqueza y en la pobreza, / en la salud y en la enfermedad, / para amarte y respetarte, / hasta que la muerte nos separe. / Esta es mi solemne promesa.

LA EXPLICACIÓN DE LAS ANILLOS

El anillo matrimonial sirve como un símbolo de las promesas que hoy se acaban de hacer. Es la señal exterior y visible del amor interno e invisible que une sus corazones.

¿Me permiten los símbolos del amor de **El Novio** y **La Novia**?

(El Oficiante recibe los anillos del Paje de Anillos o los Padrinos de Anillos u otro.)

LA BENDICIÓN DE LOS ANILLOS

Señor, bendice estos anillos que hoy se entregan **El Novio** y **La Novia**. Que estos anillos siempre sean un símbolo de su fidelidad, un sello de su promesa, y un recordatorio de su amor. Amén.

EL INTERCAMBIO DE LOS ANILLOS

El Novio, repita después de mí.

Con este anillo me caso contigo, / y de hoy en adelante, / comprometo mi amor y mi vida / solamente a ti.

La Novia, repita después de mí.

Con este anillo me caso contigo, / y de hoy en adelante, / comprometo mi amor y mi vida / solamente a ti.

THE UNITY CANDLE

The Unity Candle is a symbol of the union that exists between a man and a woman who enter the holy estate of matrimony. They are no longer two, but one. The Holy Bible says, *"For this cause shall a man leave his father and mother, and shall cleave to his wife, and they shall become one flesh."*

BLESSING OF THE HOLY BIBLE

(Sponsors bring Holy Bible and rosary beads and place them in the hands of the Bride and Groom.)

(Blessing): Lord, bless this Bible and the lives of those who read it. We know the Holy Bible is the Word of God. We pray that it may be the spiritual guide that will light **Groom** and **Bride's** pathway and will guide them in all their decisions so that their will and the will of God are one. Amen.

(Sponsors take the Holy Bible and the rosary and sit down.)

EXPLANATION OF THE COINS

(Sponsors bring the box of coins and empty it into the Groom's hands.)

These thirteen coins are a symbol of the care that **Groom** and **Bride** will give in order that their home will have everything it needs. These coins also are a sign of the blessings of God and all the good things they will share together.

BLESSING OF THE COINS

(Blessing): Lord, may these coins be a symbol of your provision and favor throughout **Groom's** and **Bride's** lives. Provide them with all they need for their home and family. We give you thanks for all the good things they are going to share because of your many blessings, Lord. Amen.

COIN VOWS

(Groom drops the coins into the Bride's hands and repeats vows after Officiant):

Bride, receive these thirteen coins / as a symbol of my dedication / in caring for our home / and providing for our family's necessities.

LA VELA DE UNIDAD

La Vela de Unidad es un símbolo de la unión que existe entre un hombre y una mujer que entran al terreno sagrado del santo matrimonio. Ya no son dos, sino uno solo. La Santa Biblia dice, *"Por tanto, dejará el hombre a su padre y a su madre, y se unirá a su mujer, y serán una sola carne.*

LA BENDICIÓN DE LA BIBLIA

(Los Padrinos traen la Santa Biblia y el rosario y los ponen en las manos de los Novios.)

(La Bendición): Señor, bendice esta Biblia y las vidas de quienes la leen. Sabemos que la Santa Biblia es la Palabra de Dios. Oramos para que sea la guía espiritual que ilumine su camino y los guíe en todas sus decisiones para que su voluntad y la voluntad de Dios sean una. Amén.

(Los Padrinos quitan la Santa Biblia y el rosario y se sientan.)

LA EXPLICACIÓN DE LAS ARRAS

(Los Padrinos traen la caja de arras y la vacían en las manos del Novio.)

Estas trece arras son el símbolo del cuidado que **El Novio** y **La Novia** proveerán para que su hogar tenga todo lo que necesite. Estas arras también son un signo de las bendiciones de Dios y de todos los bienes que compartirán juntos.

LA BENDICIÓN DE LAS ARRAS

(La Bendición): Señor, que estas arras sean un símbolo de tu provisión y favor a lo largo de la vida de **El Novio** y **La Novia**. Proporciónales todo que necesitan para su hogar y su familia. Te agradecemos por todos los bienes que compartirán, gracias a tus bendiciones, Señor. Amén.

LAS PROMESAS DE LAS ARRAS

(El Novio pone las arras en las manos de la Novia y repite sus promesas después del Oficiante):

La Novia, reciba estas trece arras / como un símbolo de mi dedicación / en el cuidado de nuestro hogar / y para atender las necesidades de nuestra familia.

(Bride receives the coins from the Groom and repeats vows after Officiant):

Groom, I accept your gift of dedication, / and I promise on my part / that everything provided / will be used with care / for the benefit of our home and family.

(Sponsors take the coins and sit down.)

BLESSING OF THE LASSO
(Sponsors bring forth the lasso and place it around the shoulders of the Bride and Groom.)

Groom and **Bride**, this lasso represents the eternal ties that bind you together—the union of two hearts into one heart, two souls into one soul, and two lives into one life, now and forever.

(Blessing): Oh Lord, bless this couple as they journey through life together. Unite them into one spirit…hand in hand, heart to heart, flesh to flesh, and soul to soul. Amen.

(Sponsors remove lasso and sit down.)

BLESSING OF THE VEIL
(Sponsors bring forth the veil and place it over the Brides's head and the Groom's shoulders and pin it to their clothes.)

This veil, or mantel, covers the Bride and Groom today, reminding them that Christ covers us with his love. Their new home will be a place where God dwells because they choose to live under the mantel of his love and protection.

(Blessing): Lord, as **Groom** and **Bride** join their lives in marriage, cover them with your love as this veil covers them now. Protect them, strengthen them, and guide them throughout all their days together. And may they always choose to live under the mantel of your love. Amen.

(Sponsors remove veil and sit down.)

(La Novia recibe las arras del Novio y repite sus promesas después del Oficiante):

El Novio, yo acepto tu regalo de dedicación, / y te prometo de mi parte / que todo lo proporcionado / será usado con cuidado / para el beneficio de nuestro hogar y familia.

(Los Padrinos quitan las arras y se sientan.)

LA BENDICIÓN DEL LAZO
(Los Padrinos traen el lazo y lo ponen alrededor de los hombros de los Novios.)

El Novio y **La Novia**, este lazo representa los lazos eternales que los unen—la unión de dos corazones en un corazón, dos almas en un alma, y dos vidas en una sola vida, ahora y para siempre.

(La Bendición): O Señor, bendice a esta pareja ahora que emprenden el camino de la vida juntos. Únelos en un solo espíritu…mano a mano, corazón a corazón, carne a carne, y alma a alma. Amén.

(Los Padrinos quitan el lazo y se sientan.)

LA BENDICIÓN DEL VELO
(Los Padrinos traen el velo and lo colocan sobre la cabeza de la Novia y los hombros del Novio y lo fijan a su ropa.)

Este velo, o manto, cubre a los Novios hoy, recordándoles que Cristo nos cubre con su amor. Su nuevo hogar será un lugar donde habita Dios porque eligen vivir bajo el manto de su amor y su protección.

(La Bendición): Señor, como **El Novio** y **La Novia** se unen a sus vidas en matrimonio, cúbrelos con tu amor como este velo los cubre ahora. Protégelos, fortalécelos, y guíalos a lo largo de todos sus días juntos. Y que siempre elijan vivir bajo el manto de tu amor. Amén.

(Los Padrinos quitan el velo y se sientan.)

WEDDING PRAYER / BLESSING

Our Heavenly Father, we ask your blessing upon these two lives and the home they are establishing today. May the love they have for each other grow deeper and stronger because of their love for you. Lord, you guided them to each other, now guide them in this new journey as husband and wife. As they walk down this path, light their way so that they may keep their eyes focused on your will, their hands holding fast to your truth, their feet firmly planted in your Word, and their hearts bound together by your love. This we pray in the name of the Father, the Son, and the Holy Spirit. Amen.

(Sponsors remove the lasso and veil and sit down. Veil and Lasso may remain on couple until after final wedding blessing.)

PRONOUNCEMENT

Groom and **Bride**, since you have consented together in holy matrimony and have pledged yourselves to each other by your solemn vows, by the giving of rings, and have declared your commitment of love before God and these witnesses, I now pronounce you husband and wife, in the name of the Father, the Son, and the Holy Spirit. Those whom God has joined together, let no man separate.

KISS

Groom, you may kiss the Bride.

(Bride and Groom kiss.)

(Bride receives bouquet from Maid of Honor.)

PRESENTATION

Ladies and Gentlemen, it is an honor to introduce to you for the very first time as husband and wife,

(Mr. and Mrs.) Newlywed (last name).

NOTE: The hispanic traditions included are the Bible, Coins, Lasso, and Veil. Choose as many as you wish.

LA BENDICIÓN MATRIMONIAL

Padre nuestro, te pedimos tu bendición sobre estas dos vidas y el hogar que hoy inician juntos. Que el amor que tienen el uno por el otro crezca más profundo y más fuerte debido a su amor por ti. Señor, tú los guiaste el uno al otro, ahora guíalos en esta nueva jornada como esposos. Mientras pasen por este camino, ilumina su sendero para que puedan mantener sus ojos enfocados hacia ti y tu voluntad, sus manos agarradas a tu verdad, sus pies plantados firmemente en tu palabra, y sus corazones unidos por tu amor. Oramos en el nombre del Padre, del Hijo, y del Espíritu Santo. Amén.

(Los Padrinos quitan el lazo y el velo y se sientan. El Velo y el Lazo pueden permanecer en la pareja hasta después de la bendición final de la boda.)

LA DECLARACIÓN

El Novio y **La Novia**, ya que han consentido ingresar juntos en santo matrimonio, y se han comprometido el uno al otro por sus votos solemnes, y por medio de la entrega de anillos, y han declarado su promesa de amor ante Dios y estos testigos, ahora yo los declaro marido y mujer, en el nombre del Padre, del Hijo, y del Espíritu Santo. Por tanto, lo que Dios ha unido, que no lo separe el hombre.

EL BESO

El Novio, puede besar a la Novia.

(Los Novios se besan.)

(La Novia recibe el ramo de flores de la Madrina de Honor.)

LA PRESENTACIÓN

Damas y Caballeros, es un honor presentarles por primera vez como marido y mujer,

El Señor y La Señora Recién Casados o Los Señores Recién Casados (su apellido).

NOTA: Las tradiciones hispanas incluyen La Biblia, las Arras, el Lazo, y el Velo. Puede elegir tantas como quiera.

Contemporary Ceremony

(Semi-religious)

English

5 Pearls~

Listen
Learn
Labor
Laugh
Love

Contemporary Ceremony

WELCOME

Friends and family of the Bride and Groom, we are here today because of love. On this day, **Groom** and **Bride** will commit their lives to each other forever in marriage.

Groom and **Bride**, there are no obligations on earth more sweet or tender than those you will assume. There are no vows more solemn than those you will make. There is no institution more sacred than the home you will establish. Marriage is the most sacred of all earthly relationships.

Yes, marriages are made in heaven but they have to be maintained here on earth. May you see that your love is truly a gift from God. May your marriage be such that all will know not only of your deep love for one another, but also for God, the One who brought you together.

CONSENT

Groom, do you take **Bride** to be your wife, to live together in the holy estate of matrimonio? Do you promise to love her, comfort her, respect her, honor and keep her in sickness and in health, in prosperity and adversity and forsaking all others, remain faithful to her as long as you both shall live?

(Groom): I do.

Bride, do you take **Groom** to be your husband, to live together in the holy estate of matrimonio? Do you promise to love him, comfort him, respect him, honor and keep him in sickness and in health, in prosperity and adversity and forsaking all others, remain faithful to him as long as you both shall live?

(Bride): I do.

Who presents **Bride** to be married to **Groom**?

(Escort): Her parents or Her Mother and her Father or Her family or I do or We do.

(Bride gives bouquet to Maid of Honor.)

ADDRESS AND READINGS

Today is the beginning of an exciting new life together for the two of you. It marks the commencement of new relationships to your families, your friends, and certainly to each other. God knew your needs when He brought you together. He knew exactly who you needed to make you complete. Now He wants you to commit yourselves to each other as the one He has chosen to complete you.

Total completeness is a process that takes patience, perseverance, and particular principles that need to be practiced so you can achieve the oneness God intended for your marriage. Here are five little "pearls of wisdom" I want to share with you as you begin your marriage.

The first pearl is **LISTEN**. Listen to what your partner is really saying. Take the words you hear into your heart. Let them become building blocks for a happy marriage. Communication is so very important in marriage. Take the time to talk and to listen to each other. In doing so, you communicate that you value your partner's thoughts and feelings.

The second pearl is **LEARN**. Learn from each other. You both are different in many ways. Each of you brings certain abilities and specific gifts into this relationship. Learn what those talents are and combine them with yours to become a better team. Each day will be an adventure as you learn and understand something new about your partner.

The third pearl is **LABOR**. Be willing to work on your relationship. Work hard to make this the very best marriage on earth. You don't find precious gems just lying around on top of the ground. You have to work hard and dig deep to find them. But once you find them, they are worth every bit of effort you made. Likewise, if you work on your marriage relationship, it will be like finding a precious gem, and you will "strike it rich" because of all your labor.

The fourth pearl is **LAUGH**. Getting married is a serious step, and it should be taken seriously. But I also am serious when I say that being able to laugh at our mistakes and shortcomings helps us to get through the tough stuff in life.

The fifth pearl is **LOVE**. What is love? Countless songs, poems, and books have all been written by both men and women trying to help us understand this little four letter word. But the one Book that rises above them all, the Bible, defines love in this way:

The Love Chapter

"Love is very patient and kind, never jealous or envious, never boastful or proud, never haughty or selfish or rude. Love does not demand its own way, nor is it irritable or touchy. It does not hold grudges and will hardly ever notice when others do it wrong. It is never glad about injustice, but rejoices whenever truth wins out. This kind of love knows no boundaries to its tolerance, no end to its trust, no fading of its hope, no limit to its endurance. It can outlast anything. Love is, in fact, the one thing that still stands when all else has failed." *(1 Corinthians 13)*

So...**LISTEN, LEARN, LABOR, LAUGH,** and **LOVE**. Put these five principles into practice and, with God's guidance, your marriage will grow into a life-long partnership that will endure the challenges of life and withstand the tests of time.

WEDDING VOWS

Groom, please repeat after me.

Bride, I thank God He has given us to each other / to share one life, one love, one heart. / With God's help, I will try to be everything He wants me to be for you, / so I may meet your needs and fulfill your dreams. / I will love you with an unconditional love just as Christ loves us. / In love I will lead you, / protect and provide for you, / nurture and care for you, / and honor and respect you. / I promise to stay by your side / no matter what circumstances life may bring, / and I vow to be faithful and true to you alone. / May my love give you strength all the days of our lives.

Bride, please repeat after me.

Groom, as we become husband and wife today, / I promise to love you with an unending love. / I give myself in all things to your care as unto the Lord. / As God has prepared me to be your helpmate and companion in this life, / I commit myself to stand by you whatever comes our way. / I will be with you in sickness and in health, / whether we are rich or poor, / and during times of happiness, / as well as times of sorrow. / I will honor and respect you, / encourage and support you, / and devote myself to you always. / I promise to be faithful and true to you alone. / May my love bring you joy all the days of our lives.

EXPLANATION OF THE RINGS
You are about to give to each other a ring. The wedding ring is a symbol of many things. It is made of precious metals that symbolize a love that is pure and enduring. It is made of rare gems that symbolize a love that is priceless and irreplaceable. It is made in a perfect circle that symbolizes a love that is permanent and everlasting. Whenever you look at your rings, may they always remind you of the promises you have made this day to keep your love pure, priceless, and permanent.

RING EXCHANGE VOWS
May I have the symbol of **Groom's** love for **Bride**?
(Officiant receives the rings.)

Groom, please repeat after me.

Bride, I give you this ring / as a symbol of my love and faithfulness. / As I place it on your finger, / I commit my very heart and soul to you. / I ask you to wear this ring / as a reminder of the vows we have spoken / on this, our wedding day.

May I have the symbol of **Bride's** love for **Groom**?
(Officiant receives the rings.)

Bride, please repeat after me.

Groom, I give you this ring / as a sign of my commitment / and the desire of my heart. / May it always be a reminder / that I have chosen you above all others, / and from this day forward, / we shall be united as husband and wife.

BLESSING OF THE RINGS
Dear Lord, bless these rings that **Groom** and **Bride** give today. May these rings always be a symbol of their faithfulness, a seal upon their vows, and a reminder of their love. Amen.

UNITY CANDLE
These two individual candles symbolize your separate lives, separate families, and separate sets of friends. They represent your lives before today. I ask each of you now to take one of these candles and light the center candle together. Lighting this Unity Candle symbolizes that your two lives are now joined to one light, and your two families and two sets of friends are joined into one circle of love.

BLESSING OF THE HOLY BIBLE

(Sponsors bring the Holy Bible and place it in the hands of Bride and Groom.)

(Blessing): Lord, bless this Bible and the lives of those who read it. We know the Holy Bible is the Word of God. We pray that it may be the spiritual guide that lights your pathway and guides your in all your decisions so that your will and the will of God are one and the same. Amen.

(Sponsors take the Holy Bible and the rosary and sit down.)

EXPLANATION OF THE COINS

(Sponsors bring the box of coins and empty it into Groom's hands.)

These thirteen coins are a symbol of the care that **Groom** and **Bride** will give in order that their home will have everything it needs. These coins also are a sign of the blessings of God and all the good things they will share together.

BLESSING OF THE COINS

(Blessing): Lord, bless these coins as a symbol of mutual help throughout their lives. Provide them with all they need for their home. We give you thanks for all the good things they are going to share because of your many blessings, Lord. Amen.

COIN VOWS

(Groom drops the coins into Bride's hands and repeats vows after Officiant):

Bride, receive these thirteen coins / as a symbol of my dedication / in caring for our home / and providing for our family's necessities.

(Bride receives the coins from Groom and repeats vows after Officiant):

Groom, I accept your gift of dedication, / and I promise on my part / that everything provided / will be used with care / for the benefit of our home and family.

(Sponsors take the coins and sit down.)

BLESSING OF THE LASSO

(Sponsors bring forth the lasso and place it around the shoulders of the Bride and Groom.)

Groom and **Bride**, this lasso represents the eternal union of two hearts into one heart, two souls into one soul, and two lives into one life, now and forever.

(Blessing): O God, bless this couple now as they journey through life together. Unite them into one spirit —hand in hand, heart to heart, flesh to flesh, and soul to soul. Amen.

BLESSING OF THE VEIL

(Sponsors bring the veil and place it over the head of the Bride and over the shoulders of the Groom and attach it to their clothing.)

This veil, or mantel, covers the Bride and Groom today, reminding them that Christ covers us with His love. Their new home will be a place where God dwells because they choose to live under the mantel of His love and protection.

(Blessing): Lord, as **Groom** and **Bride** join their lives in marriage, cover them with your love as this veil covers them now. Protect them, strengthen them, and guide them throughout all their days together. And may they always choose to live under the mantel of your love. Amen.

WEDDING BLESSING

Dear Lord, we pray that you will bless this man, **Groom**, and this woman, **Bride**, as they begin their new journey together. In all the experiences of life, may they always stay close to you and to each other as they share the joys and blessings, as well as the trials and heartaches. Help them to honor and keep the promises made here today. Remind them daily of your great love for them so they, in turn, may reach out in love to others. Give them such love and devotion that each may be to the other a strength in need, a comfort in sorrow, a counselor in difficulty, and a companion in joy. Amen.

(Sponsors remove veil and lasso and sit down.)

PRONOUNCEMENT

Groom and **Bride**, today, before your family and friends and in the presence of God, you have openly declared your love for each other. You have joined your hands, spoken your promises, and given these rings as a symbol of your lifelong commitment to each other. And so, I now bestow upon you the most honorable titles that may exist between a man and a woman; I pronounce you husband and wife.

KISS

Groom, you may kiss the Bride.

(Bride and Groom kiss.)

(Bride receives bouquet from Maid of Honor.)

PRESENTATION

Ladies and gentlemen, it is a great honor to present to you for the very first time,
Mr. and Mrs. Newlywed (last name).

NOTE: The hispanic traditions included are the Bible, Coins, Lasso, and Veil. Choose as many as you wish.

Love ~ el Amor

La Ceremonia Contemporánea

(Semi-religiosa)

Español

5 Perlas ~

Escuchar
Aprender
Trabajar
Reír
Amar

La Ceremonia Contemporánea

LA BIENVENIDA

Amigos y familiares de los novios, nos reunimos hoy por causa del amor. En este día, **El Novio** y **La Novia** se comprometen el uno al otro para siempre en el matrimonio.

El Novio y **La Novia**, no hay ningunas obligaciones en la tierra más dulces o tiernas que las que asumirán. No hay votos más solemnes que los que harán. No hay ninguna institución humana más sagrada que el hogar que establecerán. El matrimonio es el más sagrado de todas las relaciones terrenales.

Sí, los matrimonios se hacen en el cielo, pero tienen que ser mantenidos aquí en la tierra. Que reconozcan que su amor es verdaderamente un regalo de Dios. Que su matrimonio sea tal que todos sepan no solo de su profundo amor mutuo, sino también su amor por Dios, el que los unió.

EL ACUERDO

¿**El Novio**, acepta a **La Novia** para ser su esposa, a vivir juntos después del ordenado de Dios en el sagrado matrimonio? ¿Promete amarla, confortarla, respetarla, honrarla y mantenerla, en la enfermedad y en salud, en prosperidad y en adversidad, y renunciando a todas las demás, ser fiel a ella mientras vivan los dos?

(El Novio): Si, acepto.

¿**La Novia**, acepta a **El Novio** para ser su esposo, a vivir juntos según el ordenado de Dios en el sagrado matrimonio? ¿Promete amarlo, confortarlo, respetarlo, honrarlo y mantenerlo, en enfermedad y en salud, en prosperidad y en adversidad, y renunciando a todos los demás, ser fiel a él mientras vivan los dos?

(La Novia): Si, acepto.

¿Quién presenta a **La Novia** para casarse con **El Novio**?

(El acompañante): Sus padres o Su Madre y su Padre o Su familia o Yo la entrego or Nosotros la entregamos.

LA HOMILÍA Y LAS LECTURAS

Hoy es el comienzo de una nueva y excitante vida juntos para ustedes dos. Marca el comienzo de nuevas relaciones con sus familias, sus amigos y sin duda, entre sí. Dios conocía sus necesidades cuando Él los unió. Él sabía exactamente a quién era necesario para complementarse y completarse. Y ahora, Dios quiere que se comprometan el uno con el otro para ser completos en la manera que Él los eligió.

La integridad total es un proceso que requiere paciencia, perseverancia y principios particulares que deben practicarse para que puedan alcanzar la unidad que Dios desea para su matrimonio. Aquí hay cinco "perlas de sabiduría" que quiero compartir con ustedes al comenzar su matrimonio.

La primera perla es **ESCUCHAR**. Escuchen lo que realmente dice su pareja. Tomen las palabras que escuchan en su corazón. Que se conviertan en bloques de construcción para un matrimonio feliz. La comunicación es muy importante en el matrimonio. Tómense el tiempo para hablar y escucharse unos a otros. Al hacerlo, se comunica que aprecian los pensamientos y los sentimientos de su pareja.

La segunda perla es **APRENDER**. Aprendan el uno del otro. Ustedes son diferentes en muchas maneras. Cada uno trae ciertas habilidades y dones específicos en esta relación. Aprendan cuáles son esos talentos y los combinen con los suyos para convertirse en una pareja dinámica. Cada día será una aventura a medida que aprenden y comprenden algo nuevo de su pareja.

La tercera perla es **TRABAJAR**. Estén comprometido a trabajar en su relación. Trabajen para hacer de este el mejor matrimonio en el mundo. Ustedes no encuentran joyas preciosas simplemente tumbadas encima del suelo. Tienen que trabajar diligentemente y cavar profundamente para obtenerlos. Pero a la vez que encontrarlas, vale la pena todo el esfuerzo que han hecho. Igualmente, si ustedes trabajan en su relación matrimonial, será como encontrar una joya preciosa, y serán ricos en su matrimonio debido a su trabajo.

La cuarta perla es **REÍR**. Casarse es un paso serio y debe ser serio en ese paso. Pero también soy serio cuando digo que sea capaz en reírse de sus errores y defectos. Ayuda mucho en solidificando el mortero de la institución de matrimonio.

La quinta perla es **AMAR**. ¿Qué es el amor? Innumerables canciones han sido cantadas sobre el amor. Poemas innumerables han sido escritos. Demasiados libros, escritos por hombres y mujeres intentando ayudarnos a entender esta palabra de cuatro letras. Pero la Biblia define el amor de esta manera:

El Capítulo de Amor

"El amor es paciente y bondadoso; en el amor no hay celos ni jactancias; no es arrogante o cruel; el amor no insiste en su propia manera; no es irritable o resentido; no se alegra de lo malo sino se alegra de lo bueno. El amor tolera todo, cree en todo, desea todo, sobrevive todo. El amor nunca falla. Así pues, permanecen la fe, la esperanza, y el amor, estos tres; pero el mayor de ellos es el amor."

Y así...**Escuchar**, **Aprender**, **Trabajar**, **Reír** y **Amar**. Pongan en práctica estos cinco principios, y con la guía de Dios, su matrimonio se convertirá en una relación de por vida que soportará los desafíos de la vida y resistirá las pruebas del tiempo.

LAS PROMESAS MATRIMONIALES

El Novio, repita después de mí.

La Novia, le doy gracias a Dios que nos ha dado el uno al otro / a compartir una vida, un amor, un solo corazón. / Con la ayuda de Dios / seré todo lo que Él quiere que sea para ti / para que pueda satisfacer tus necesidades y cumplir tus sueños. / Te amaré con un amor incondicional tal como Cristo nos ama. / En el amor, prometo guiarte / protegerte y cuidarte, / honrarte y respetarte. / Prometo mantenerme a tu lado / no importa las circunstancias que pueda traer la vida, / y me comprometo serte fiel y verdadero sólo a ti. / Que mi amor te dé fuerza / todos los días de nuestras vidas.

La Novia, repita después de mí.

El Novio, como hoy nos convertimos en marido y mujer, prometo amarte con un amor infinito. / Me entrego en todo a tu cuidado como al Señor. / Como Dios me ha preparado para ser tu ayudante y compañera en esta vida, / me comprometo a apoyarte en lo que venga en nuestro camino. Estaré contigo en la enfermedad y en la salud, en lo adverso y en lo próspero, y en los momentos de felicidad, así como en los momentos de tristeza. / Te honraré y te respetaré, / te alentaré y te apoyaré, / y me dedicaré a ti siempre. / Prometo ser fiel y fiel a ti sólo. / Que mi amor te traiga alegría todos los días de nuestras vidas.

LA EXPLICACIÓN DE LOS ANILLOS

Ustedes están a punto de darse un anillo el uno al otro. El anillo matrimonial es un símbolo de muchas cosas. Está hecho de metales preciosos que simbolizan un amor puro y duradero. Está hecho de joyas raras que simbolizan un amor que es invaluable e insustituible. Está hecho en un círculo perfecto que simboliza un amor que es permanente y eterno. Cada vez que miren sus anillos, que siempre les recuerden las promesas que han hecho este día a mantener su amor puro, invaluable y permanente.

EL INTERCAMBIO DE LOS ANILLOS

¿Me puede entregar el símbolo del amor de **El Novio** por **La Novia**?
(El Oficiante recibe los anillos.)

El Novio, repita después de mí.

La Novia, te entrego este anillo / como símbolo de mi amor y fidelidad, / y como lo coloco en el dedo, / te entrego mi alma y corazón. / Te pido que use este anillo / como un recordatorio de las promesas que hemos hablado / en este día de nuestra boda.

¿Me puede entregar el símbolo del amor de **La Novia** por **El Novio**?
(El Oficiante recibe los anillos.)

La Novia, repita después de mí.

El Novio, te doy este anillo / como una señal de mi compromiso / y el deseo de mi corazón. / Este anillo es un recordatorio / que te he elegido sobre todos, / y desde este día en adelante, / somos unidos como marido y mujer.

LA BENDICIÓN DE LOS ANILLOS

Señor, bendice estos anillos que hoy se entregan **El Novio** y **La Novia**. Que estos anillos siempre sean un símbolo de su fidelidad, un sello de su promesa, y un recuerdo de su amor. Amén.

LA VELA DE UNIDAD

Estas dos velas individuales simbolizan sus vidas separadas, familias separadas y grupos separados de amigos. Representan sus vidas antes de hoy. Les pido que tomen sus velas individuales y enciendan juntas la vela central. Encender esta Vela de Unidad simboliza que sus dos vidas ahora están unidas a una luz, y sus dos familias y sus dos grupos de amigos se unen en un solo círculo de amor.

LA BENDICIÓN DE LA BIBLIA

(Los padrinos traen la Santa Biblia los ponen en las manos de los Novios.)

(La Bendición): Señor, bendice esta Biblia y las vidas de quienes la leen. Sabemos que la Santa Biblia es la Palabra de Dios. Pedimos que sea la guía espiritual que ilumine su camino y les instruya en todas sus decisiones para que su voluntad y la voluntad de Dios sean la misma. Amén.

(Los Padrinos quitan la Santa Biblia y se sientan.)

LA EXPLICACIÓN DE LAS ARRAS

(Los padrinos traen las arras y lo vacían en las manos del Novio.)

Estas trece arras son un símbolo del cuidado que **El Novio** y **La Novia** darán para que su hogar tenga todo lo que necesita. Estas arras también son un signo de las bendiciones de Dios y de todas las cosas buenas que compartirán juntas.

LA BENDICIÓN DE LAS ARRAS

(La Bendición): Señor, que estas arras sean un símbolo de tu provisión y favor a lo largo de la vida de **El Novio** y **La Novia**. Proporciónales todo que necesitan para su hogar y su familia. Te agradecemos por todos los bienes que compartirán, gracias a tus bendiciones, Señor. Amén.

LAS PROMESAS DE LAS ARRAS

(El Novio pone las arras en las manos de la Novia y repite sus promesas después del Oficiante):

La Novia, recibe estas arras / como símbolo de mi dedicación / en el cuidado de nuestro hogar / y en atender las necesidades de nuestra familia.

(La Novia recibe las arras del Novio y repite sus promesas después del Oficiante):

El Novio, acepto tu regalo de dedicación, / y prometo de mi parte / que todo lo proporcionado / será utilizado con cuidado / en beneficio de nuestro hogar y nuestra familia.

(Los Padrinos quitan las arras y se sientan.)

LA BENDICIÓN DEL LAZO

(Los Padrinos traen el lazo y lo ponen alrededor de los hombros de los Novios.)

El Novio y **La Novia**, este lazo representa los lazos eternales que los unen—la unión de dos corazones en un corazón, dos almas en un alma, y dos vidas en una sola vida, ahora y para siempre.

(La Bendición): O Dios, bendice a esta pareja ahora que emprenden en el camino de matrimonio. Únelos en un solo espíritu—mano a mano, corazón a corazón, carne a carne, y alma a alma.

LA BENDICIÓN DEL VELO

(Los Padrinos traen el velo and lo colocan sobre la cabeza de la Novia y los hombros del Novio y lo fijan a su ropa.)

Este velo, o manto, cubre a los Novios hoy, recordándoles que Cristo nos cubre con su amor. Su nuevo hogar será un lugar donde habita Dios porque eligen vivir bajo el manto de su amor y su protección.

(La Bendición): Señor, como **El Novio** y **La Novia** se unen a sus vidas en matrimonio, cúbrelos con tu amor como este velo los cubre ahora. Protégelos, fortalécelos, y guíalos a lo largo de todos sus días juntos. Y que siempre elijan vivir bajo el manto de tu amor. Amén.

(Los Padrinos quitan el velo y se sientan.)

LA BENDICIÓN MATRIMONIAL

Señor, te pedimos que bendigas a este hombre, **El Novio**, y a esta mujer, **La Novia**, mientras comienzan su nuevo viaje juntos. En todas las experiencias de la vida, que siempre permanezcan cerca de ti y entre sí mientras comparten las alegrías y bendiciones, así como las pruebas y las angustias. Ayúdalos a honrar y cumplir las promesas hechas hoy aquí. Recuérdeles diariamente su gran amor por ellos para que, a su vez, puedan llegar a amar a los demás. Dales tanto amor y devoción que cada uno pueda ser para el otro una fuerza en necesidad, un consuelo en el dolor, un consejero en dificultad y un compañero en la alegría. Amén.

(Los Padrinos quitan el lazo y se sientan.)

LA DECLARACIÓN

El Novio y **La Novia**, hoy delante de su familia y sus amigos y en la presencia de Dios, ustedes han declarado su amor el uno por el otro. Han unido sus manos, han pronunciado sus promesas, y han entregado sus anillos como símbolos de su compromiso de por vida. Y así, ahora les concedo los títulos más honorables que pueden existir entre un hombre y una mujer; los declaro marido y mujer.

EL BESO

El Novio, puede besar a la Novia.

(Los Novios se besan.)

(La Novia recibe el ramo de flores de la Madrina de Honor.)

LA PRESENTACIÓN

Damas y caballeros, es un honor presentarles por primera vez,
El Señor y La Señora Recién Casados o Los Señores Recién Casados (su apellido).

NOTA: Las tradiciones hispanas incluyen La Biblia, las Arras, el Lazo, y el Velo. Puede elegir tantas como quiera.

Love ~ el Amor

Bilingual Contemporary Ceremony

(Semi-religious)

English—Spanish

❦

La Ceremonia Contemporánea Bilingüe

(Semi-religiosa)

Inglés—Español

5 Pearls ~
Listen, Learn, Labor,
Laugh, Love

5 Perlas ~
Escuchar, Aprender,
Trabajar, Reír, Amar

CONTEMPORARY CEREMONY ENGLISH

WELCOME

Friends and family of the Bride and Groom, we are here today because of love. On this day, **Groom** and **Bride** will commit their lives to each other forever in marriage.

Groom and **Bride**, there are no obligations on earth more sweet or tender than those you will assume. There are no vows more solemn than those you will make. There is no institution more sacred than the home you will establish. Marriage is the most sacred of all earthly relationships.

Yes, marriages are made in heaven but they have to be maintained here on earth. May you see that your love is truly a gift from God. May your marriage be such that all will know not only of your deep love for one another, but also for God, the One who brought you together.

CONSENT

Groom, do you take **Bride** to be your wife, to live together in the holy estate of matrimonio? Do you promise to love her, comfort her, respect her, honor and keep her in sickness and in health, in prosperity and adversity and forsaking all others, remain faithful to her as long as you both shall live?

(Groom): I do.

Bride, do you take **Groom** to be your husband, to live together in the holy estate of matrimonio? Do you promise to love him, comfort him, respect him, honor and keep him in sickness and in health, in prosperity and adversity and forsaking all others, remain faithful to him as long as you both shall live?

(Bride): I do.

Who presents **Bride** to be married to **Groom**?

(Escort): Her parents or Her Mother and her Father or Her family or I do.

(Bride gives bouquet to Maid of Honor.)

LA CEREMONIA CONTEMPORÁNEA ESPAÑOLA

LA BIENVENIDA

Amigos y familiares de los novios, nos reunimos hoy por causa del amor. En este día, **El Novio** y **La Novia** se comprometen el uno al otro para siempre en el matrimonio.

El Novio y **La Novia**, no hay ningunas obligaciones en la tierra más dulces o tiernas que las que asumirán. No hay votos más solemnes que los que harán. No hay ninguna institución humana más sagrada que el hogar que establecerán. El matrimonio es el más sagrado de todas las relaciones terrenales.

Sí, los matrimonios se hacen en el cielo, pero tienen que ser mantenidos aquí en la tierra. Que reconozcan que su amor es verdaderamente un regalo de Dios. Que su matrimonio sea tal que todos sepan no solo de su profundo amor mutuo, sino también su amor por Dios, el que los unió.

EL ACUERDO

¿**El Novio**, acepta a **La Novia** para ser su esposa, a vivir juntos después del ordenado de Dios en el sagrado matrimonio? ¿Promete amarla, confortarla, respetarla, honrarla y mantenerla, en la enfermedad y en salud, en prosperidad y en adversidad, y renunciando a todas las demás, ser fiel a ella mientras vivan los dos?

(El Novio): Si, acepto.

¿**La Novia**, acepta a **El Novio** para ser su esposo, a vivir juntos según el ordenado de Dios en el sagrado matrimonio? ¿Promete amarlo, confortarlo, respetarlo, honrarlo y mantenerlo, en enfermedad y en salud, en prosperidad y en adversidad, y renunciando a todos los demás, ser fiel a él mientras vivan los dos?

(La Novia): Si, acepto.

¿Quién presenta a **La Novia** para casarse con **El Novio**?

(El Acompañante): Sus padres o Su Madre y su Padre o Su familia o Yo la entrego o Nosotros la entregamos.

(La Novia le da el ramo de flores a la Madrina de Honor.)

READINGS

Today is the beginning of an exciting new life together for the two of you. It marks the commencement of new relationships to your families, your friends, and certainly to each other. God knew your needs when He brought you together. He knew exactly who you needed to make you complete. Now He wants you to commit yourselves to each other as the one He has chosen to complete you.

Total completeness is a process that takes patience, perseverance, and particular principles that need to be practiced so you can achieve the oneness God intended for your marriage. Here are five little "pearls of wisdom" I want to share with you as you begin your marriage.

The first pearl is **LISTEN**. Listen to what your partner is really saying. Take the words you hear into your heart. Let them become building blocks for a happy marriage. Communication is so very important in marriage. Take the time to talk to each other and to listen to each other. In doing so, you communicate that you value your partner's thoughts and feelings.

The second pearl is **LEARN**. Learn from each other. You both are different in many ways. Each of you brings certain abilities and specific gifts into this relationship. Learn what those talents are and combine them with yours to become a better team. Each day will be an adventure as you learn and understand something new about your partner.

The third pearl is **LABOR**. Be willing to work on your relationship. Work hard to make this the very best marriage on earth. You don't find precious gems just lying around on top of the ground. You have to work hard and dig deep to get to them. But once you find them, they are worth every bit of effort you made. Likewise, if you work on your marriage relationship, it will be like finding a precious gem, and you will "strike it rich" because of all your labor.

LA HOMILÍA Y LAS LECTURAS

Hoy es el comienzo de una nueva y excitante vida juntos para ustedes dos. Marca el comienzo de nuevas relaciones con sus familias, sus amigos, y sin duda, entre sí. Dios conocía sus necesidades cuando Él los unió. Él sabía exactamente a quién era necesario para complementarse y completarse. Y ahora, Dios quiere que se comprometan el uno con el otro para ser completos en la manera que Él los eligió.

La integridad total es un proceso que requiere paciencia, perseverancia y principios particulares que deben practicarse para que puedan alcanzar la unidad que Dios desea para su matrimonio. Aquí hay cinco "perlas de sabiduría" que quiero compartir con ustedes al comenzar su matrimonio.

La primera perla es **ESCUCHAR**. Escuchen lo que realmente dice su pareja. Tomen las palabras que escuchan en su corazón. Que se conviertan en bloques de construcción para un matrimonio feliz. La comunicación es muy importante en el matrimonio. Tómense el tiempo para hablar y escucharse unos a otros. Al hacerlo, se comunica que aprecian los pensamientos y los sentimientos de su pareja.

La segunda perla es **APRENDER**. Aprendan el uno del otro. Ustedes son diferentes en muchas maneras. Cada uno trae ciertas habilidades y dones específicos en esta relación. Aprendan cuáles son esos talentos y los combinen con los suyos para convertirse en una pareja dinámica. Cada día será una aventura a medida que aprenden y comprenden algo nuevo de su pareja.

La tercera perla es **TRABAJAR**. Estén comprometido a trabajar en su relación. Trabajen para hacer de este el mejor matrimonio en el mundo. No encuentran joyas preciosas simplemente tumbadas encima del suelo. Tienen que trabajar diligentemente y cavar profundamente para obtenerlos. Pero a la vez que encontrarlas, vale la pena todo el esfuerzo que han hecho. Igualmente, si ustedes trabajan en su relación matrimonial, será como encontrar una joya preciosa, y serán ricos en su matrimonio debido a su trabajo.

The fourth pearl is LAUGH. Getting married is a serious step, and it should be taken seriously. But I also am serious when I say that being able to laugh at our mistakes and shortcomings helps us to get through the tough stuff in life.

The fifth pearl is LOVE. What is love? Countless songs, poems, and books have all been written by both men and women trying to help us understand this little four letter word. But the one Book that rises above them all, the Bible, defines love in this way:

The Love Chapter—1 Corinthians 13

"Love is very patient and kind, never jealous or envious, never boastful or proud, never haughty or selfish or rude. Love does not demand its own way, nor is it irritable or touchy. It does not hold grudges and will hardly ever notice when others do it wrong. It is never glad about injustice, but rejoices whenever truth wins out. This kind of love knows no boundaries to its tolerance, no end to its trust, no fading of its hope, no limit to its endurance. It can outlast anything. Love is, in fact, the one thing that still stands when all else has failed."

So...LISTEN, LEARN, LABOR, LAUGH, and LOVE. Put these five principles into practice and, with God's guidance, your marriage will grow into a life-long partnership that will endure the challenges of life and withstand the tests of time.

WEDDING VOWS

Groom, please repeat after me.

Bride, I thank God He has given us to each other / to share one life, one love, one heart. / With God's help, I will try to be everything He wants me to be for you, / so I may meet your needs and fulfill your dreams. / I will love you with an unconditional love just as Christ loves us. / In love I will lead you, / protect and provide for you, / nurture and care for you, / and honor and respect you. / I promise to stay by your side / no matter what circumstances life may bring, / and I vow to be faithful and true to you alone. / May my love give you strength all the days of our lives.

La cuarta perla es REÍR. Casarse es un paso serio, y debe tomarse en serio. Pero también soy serio cuando digo que ser capaz de reírnos de nuestros errores y defectos nos ayuda a superar las cosas difíciles de la vida.

La quinta perla es AMAR. ¿Qué es el amor? Innumerables canciones, poemas y libros han sido escritos por hombres y mujeres que intentan ayudarnos a entender esta pequeña palabra de cuatro letras. Pero el único libro que se eleva sobre todos ellos, la Biblia, define el amor de esta manera:

El Capítulo de Amor —1 Corintios 13

"El amor es muy paciente y amable, nunca celoso ni envidioso, nunca jactancioso ni orgulloso, nunca altivo ni egoísta ni grosero. El amor no exige su propio camino, ni es irritable ni delicado. No guarda rencor y casi nunca se dará cuenta cuando otros lo hagan mal. Nunca se alegra por la injusticia, pero se alegra cuando la verdad gana. Este tipo de amor no conoce límites a su tolerancia, no tiene fin a su confianza, no se desvanece su esperanza, no hay límite a su resistencia. Puede durar más que cualquier cosa. El amor es, de hecho, lo único que perdura cuando todo lo demás ha fallado."

Y así...ESCUCHAR, APRENDER, TRABAJAR, REÍR y AMAR. Pongan en práctica estos cinco principios, y con la guía de Dios, su matrimonio se convertirá en una relación de por vida que soportará los desafíos de la vida y resistirá las pruebas del tiempo.

LAS PROMESAS MATRIMONIALES

El Novio, repita después de mí.

La Novia, le doy gracias a Dios que nos ha dado el uno al otro / a compartir una vida, un amor, un solo corazón. / Con la ayuda de Dios / seré todo lo que Él quiere que sea para ti / para que pueda satisfacer tus necesidades y cumplir tus sueños. / Te amaré con un amor incondicional tal como Cristo nos ama. / En el amor, prometo guiarte / protegerte y cuidarte, / honrarte y respetarte. / Prometo mantenerme a tu lado / no importa las circunstancias que pueda traer la vida, / y me comprometo serte fiel y verdadero sólo a ti. / Que mi amor te dé fuerza / todos los días de nuestras vidas.

Bride, please repeat after me.

Groom, as we become husband and wife today, / I promise to love you with an unending love. / I give myself in all things to your care as unto the Lord. / As God has prepared me to be your helpmate and companion in this life, / I commit myself to stand by you whatever comes our way. / I will be with you in sickness and in health, / whether we are rich or poor, / and during times of happiness, / as well as times of sorrow. / I will honor and respect you, / encourage and support you, / and devote myself to you always. / I promise to be faithful and true to you alone. / May my love bring you joy all the days of our lives.

EXPLANATION OF THE RINGS

You are about to give to each other a ring. The wedding ring is a symbol of many things. It is made of precious metals that symbolize a love that is pure and enduring. It is made of rare gems that symbolize a love that is priceless and irreplaceable. It is made in a perfect circle that symbolizes a love that is permanent and everlasting. Whenever you look at your rings, may they always remind you of the promises you have made this day to keep your love pure, priceless, and permanent.

RING EXCHANGE VOWS

May I have the token of **Groom's** love for **Bride**?
(Officiant receives the ring.)

Groom, please repeat after me.

Bride, I give you this ring / as a symbol of my love and faithfulness. / As I place it on your finger, / I commit my very heart and soul to you. / I ask you to wear this ring / as a reminder of the vows we have spoken / on this, our wedding day.

La Novia, repita después de mí.

El Novio, como hoy nos convertimos en marido y mujer, prometo amarte con un amor infinito. / Me entrego en todo a tu cuidado como al Señor. / Como Dios me ha preparado para ser tu ayudante y compañera en esta vida, / me comprometo a apoyarte en lo que venga en nuestro camino. Estaré contigo en la enfermedad y en la salud, en lo adverso y en lo próspero, y en los momentos de felicidad, así como en los momentos de tristeza. / Te honraré y te respetaré, / te alentaré y te apoyaré, / y me dedicaré a ti siempre. / Prometo ser fiel y fiel a ti sólo. / Que mi amor te traiga alegría todos los días de nuestras vidas.

LA EXPLICACIÓN DE LOS ANILLOS

Ustedes están a punto de darse un anillo el uno al otro. El anillo matrimonial es un símbolo de muchas cosas. Está hecho de metales preciosos que simbolizan un amor puro y duradero. Está hecho de joyas raras que simbolizan un amor que es invaluable e insustituible. Está hecho en un círculo perfecto que simboliza un amor que es permanente y eterno. Cada vez que miren sus anillos, que siempre les recuerden las promesas que han hecho este día a mantener su amor puro, invaluable y permanente.

EL INTERCAMBIO DE LOS ANILLOS

¿Me puede entregar el símbolo del amor de **El Novio** por **La Novia**?
(El Oficiante recibe el anillo.)

El Novio, repita después de mí.

La Novia, te entrego este anillo / como símbolo de mi amor y fidelidad, / y como lo coloco en el dedo, / te entrego mi alma y corazón. / Te pido que use este anillo / como un recordatorio de las promesas que hemos hablado / en este día de nuestra boda.

May I have the token of **Bride's** love for **Groom**?
(Officiant receives the ring.)

Bride, please repeat after me.

Groom, I give you this ring / as a sign of my commitment / and the desire of my heart. / May it always be a reminder / that I have chosen you above all others, / and from this day forward, / we shall be united as husband and wife.

BLESSING OF THE RINGS

Dear Lord, bless these rings that **Groom** and **Bride** give today. May these rings always be a symbol of their faithfulness, a seal upon their vows, and a reminder of their love. Amen.

UNITY CANDLE

These two individual candles symbolize your separate lives, separate families, and separate sets of friends. They represent your lives before today. I ask each of you now to take one of these candles and light the center candle together. Lighting this Unity Candle symbolizes that your two lives are now joined to one light, and your two families and two sets of friends are joined into one circle of love.

BLESSING OF THE HOLY BIBLE

(Sponsors bring the Holy Bible and place it in the hands of Bride and Groom.)

(Blessing): Lord, bless this Bible and the lives of those who read it. We know the Holy Bible is the Word of God. We pray that it may be the spiritual guide that will light **Groom** and **Bride's** pathway and will guide them in all their decisions so that their will and the will of God are one. Amen.

(Sponsors take Holy Bible and rosary and sit down.)

EXPLANATION OF THE COINS

(Sponsors bring the box of coins and empty it into Groom's hands.)

These thirteen coins are a symbol of the care that **Groom** and **Bride** will give in order that their home will have everything it needs. These coins also are a sign of the blessings of God and all the good things they will share together.

¿Me puede entregar el símbolo del amor de **La Novia** por **El Novio**?
(El Oficiante recibe el anillo.)

La Novia, repita después de mí.

El Novio, te entrego este anillo / como una señal de mi compromiso / y el deseo de mi corazón. / Este anillo es un recordatorio / que te he elegido sobre todos, / y desde este día en adelante, / estaremos unidos como marido y mujer.

LA BENDICIÓN DE LOS ANILLOS

Señor, bendice estos anillos que hoy se entregan **El Novio** y **La Novia**. Que estos anillos siempre sean un símbolo de su fidelidad, un sello de su promesa, y un recuerdo de su amor. Amén.

LA VELA DE UNIDAD

Estas dos velas individuales simbolizan sus vidas separadas, sus familias separadas y sus grupos separados de amigos. Representan sus vidas antes de hoy. Les pido que tomen sus velas individuales y enciendan juntas la vela central. Encender esta Vela de Unidad simboliza que sus dos vidas ahora están unidas a una luz, y sus dos familias y dos grupos de amigos se unen en un solo círculo de amor.

LA BENDICIÓN DE LA BIBLIA

(Los padrinos traen la Santa Biblia los ponen en las manos de los Novios.)

(La Bendición): Señor, bendice esta Biblia y las vidas de quienes la leen. Sabemos que la Santa Biblia es la Palabra de Dios. Pedimos que sea la guía espiritual que ilumine su camino y les instruya en todas sus decisiones para que su voluntad y la voluntad de Dios sean la misma. Amén.

(Los Padrinos quitan la Santa Biblia y se sientan.)

LA EXPLICACIÓN DE LAS ARRAS

(Los padrinos traen las arras y lo vacían en las manos del Novio.)

Estas trece arras son un símbolo del cuidado que **El Novio** y **La Novia** darán para que su hogar tenga todo lo que necesita. Estas arras también son un signo de las bendiciones de Dios y de todas las cosas buenas que compartirán juntas.

BLESSING OF THE COINS

Lord, bless these coins as a symbol of your provision and favor throughout the lives of **Groom** and **Bride**. Provide them with all they need for their home. We give you thanks for all the good things they are going to share because of your many blessings, Lord. Amen.

COIN VOWS

(Groom drops the coins into Bride's hands and repeats):

Bride, receive these thirteen coins / as a symbol of my dedication / in caring for our home / and providing for our family's necessities.

(Bride receives the coins from Groom and repeats):

Groom, I accept your gift of dedication, / and I promise on my part / that everything provided / will be used with care / for the benefit of our home and family.

(Sponsors take the coins and sit down.)

BLESSING OF THE LASSO

(Sponsors bring forth the lasso and place it around the shoulders of the Bride and Groom.)

Groom and **Bride**, this lasso represents the eternal union of two hearts into one heart, two souls into one soul, and two lives into one life, now and forever. *(Blessing):* O God, bless this couple now as they journey through life together. Unite them into one spirit—hand in hand, heart to heart, flesh to flesh, and soul to soul. Amen.

BLESSING OF THE VEIL

(Sponsors bring veil and place it over head of Bride and over shoulders of Groom and attach it to clothing.)

This veil, or mantel, covers the Bride and Groom today, reminding them that Christ covers us with His love. Their new home will be a place where God dwells because they choose to live under the mantel of His love and protection.

(Blessing): Lord, as **Groom** and **Bride** join their lives in marriage, cover them with your love as this veil covers them now. Protect them, strengthen them, and guide them throughout all their days together. And may they always choose to live under the mantel of your love. Amen.
(Sponsors take off the veil and sit down.)

LA BENDICIÓN DE LAS ARRAS

Señor, bendice estas arras como un símbolo de tu provisión y favor a lo largo de las vidas de **El Novio** y **La Novia**. Proporciónales todo que necesitan para su hogar y su familia. Te agradecemos por todos los bienes que compartirán, gracias a tus bendiciones, Señor. Amén.

LAS PROMESAS DE LAS ARRAS

(El Novio pone las arras en las manos de la Novia y repite):

La Novia, recibe estas arras / como símbolo de mi dedicación / en el cuidado de nuestro hogar / y en atender las necesidades de nuestra familia.

(La Novia recibe las arras del Novio y repite):

El Novio, acepto tu regalo de dedicación, y prometo de mi parte / que todo lo proporcionado / será utilizado con cuidado / en beneficio de nuestro hogar y nuestra familia.

(Los Padrinos quitan las arras y se sientan.)

LA BENDICIÓN DEL LAZO

(Los Padrinos traen el lazo y lo ponen alrededor de los hombros de los Novios.)

El Novio y **La Novia**, este lazo representa la unión eterna de dos corazones en uno solo, dos almas en una sola, y dos vidas en una sola, ahora y para siempre. *(La Bendición):* O Dios, bendice a esta pareja ahora que emprenden en el camino de matrimonio. Únelos en un solo espíritu—mano a mano, corazón a corazón, carne a carne, y alma a alma. Amén.

LA BENDICIÓN DEL VELO

(Los Padrinos traen el velo and lo colocan sobre la cabeza de la Novia y los hombros del Novio y lo fijan a su ropa.)

Este velo, o manto, cubre a los Novios hoy, recordándoles que Cristo nos cubre con su amor. Su nuevo hogar será un lugar donde habita Dios porque eligen vivir bajo el manto de su amor y su protección.

(La Bendición): Señor, como **El Novio** y **La Novia** se unen a sus vidas en matrimonio, cúbrelos con tu amor como este velo los cubre ahora. Protégelos, fortalécelos, y guíalos a lo largo de todos sus días juntos. Y que siempre elijan vivir bajo el manto de tu amor. Amén.
(Los Padrinos quitan el velo y se sientan.)

WEDDING BLESSING

Dear Lord, we pray that you will bless this man, **Groom**, and this woman, **Bride**, as they begin their new journey together. In all the experiences of life, may they always stay close to you and to each other as they share the joys and blessings, as well as the trials and heartaches. Help them to honor and keep the promises made here today. Remind them daily of your great love for them so they, in turn, may reach out in love to others. Give them such love and devotion that each may be to the other a strength in need, a comfort in sorrow, a counselor in difficulty, and a companion in joy. Amen.

(Sponsors remove veil and lasso and sit down.)

PRONOUNCEMENT

Groom and **Bride**, today, before your family and friends and in the presence of God, you have openly declared your love for each other. You have joined your hands, spoken your promises, and given these rings as a symbol of your lifelong commitment to each other. And so, I now bestow upon you the most honorable titles that may exist between a man and a woman; I pronounce you husband and wife.

KISS

Groom, you may kiss the Bride.

PRESENTATION

Ladies and gentlemen, it is a great honor to present to you for the very first time,
Mr. and Mrs. Newlywed (last name).

NOTE: The hispanic traditions included are the Bible, Coins, Lasso, and Veil. Choose as many as you wish.

LA BENDICIÓN MATRIMONIAL

Señor, te pedimos que bendigas a este hombre, **El Novio**, y a esta mujer, **La Novia**, mientras comienzan su nuevo viaje juntos. En todas las experiencias de la vida, que siempre permanezcan cerca de ti y entre sí mientras comparten las alegrías y bendiciones, así como las pruebas y las angustias. Ayúdalos a honrar y cumplir las promesas hechas hoy aquí. Recuérdeles diariamente su gran amor por ellos para que, a su vez, puedan llegar a amar a los demás. Dales tanto amor y devoción que cada uno pueda ser para el otro una fuerza en necesidad, un consuelo en el dolor, un consejero en dificultad y un compañero en la alegría. Amén.

(Los Padrinos quitan el lazo y se sientan.)

LA DECLARACIÓN

El Novio y **La Novia**, hoy delante de su familia y sus amigos y en la presencia de Dios, ustedes han declarado su amor el uno por el otro. Han unido sus manos, han pronunciado sus promesas, y han entregado sus anillos como símbolos de su compromiso de por vida. Y así, ahora les concedo los títulos más honorables que pueden existir entre un hombre y una mujer; los declaro marido y mujer.

EL BESO

El Novio, puede besar a la Novia.

LA PRESENTACIÓN

Damas y caballeros, es un honor presentarles por primera vez,
El Señor y La Señora Recién Casados o Los Señores Recién Casados (su apellido).

NOTA: Las tradiciones hispanas incluyen La Biblia, las Arras, el Lazo, y el Velo. Puede elegir tantas como quiera.

Love~el Amor

Civil Ceremony

(Non-religious)

English

*A good marriage
must be created*

CIVIL CEREMONY

WELCOME

Friends and family of the Bride and Groom, what a joy it is to welcome you here, for we have come to celebrate the miracle of love and to witness the union of **Groom** and **Bride**. Every experience you have ever had, every thing you have ever done, everything you have ever learned has brought you to this moment as you now stand before these witnesses to take each other as husband and wife. New experiences lie before you with opportunities to grow deeper in love with each other. As you walk hand in hand into the future, cherish each moment as a gift...a gift given to strengthen the bond between you.

CONSENT

Groom and **Bride**, as you give your hand to the other, are you ready to be united as husband and wife?

(Both answer): Yes.

Who presents **Bride** to be married to **Groom**?

(Escort): Her parents or Her Mother and Father or Her family or I do or We do.

(Bride gives her bouquet to the Maid of Honor.)

ADDRESS AND READINGS

Today, you are taking into your care and trust the happiness of the one person in this world whom you love with all your heart. You are agreeing to share life's deepest and richest experiences. You are adding to your life not only the affection of each other, but also the companionship and blessing of mutual respect. You have invited these guests to share in the celebration of your love, a love that now culminates in your union as husband and wife.

When you enter into marriage, you enter into life's most important relationship. It is a gift, given to bring comfort when there is sorrow, peace when there is unrest, laughter when there is happiness, and love when it is shared. True love goes far beyond the feelings of romance and bliss. It is caring more about the well-being and happiness of your marriage partner than your own needs and desires. Love makes burdens lighter because you divide them. It makes joys more intense because you share them. It makes you stronger so you can become involved with life in ways you dare not risk alone. Real love says you are stronger together than when you are apart.

A successful marriage is not something that just happens. It takes work and it takes effort. Most importantly, it takes a commitment from both of you. A good marriage must be created. Listen to these words of wisdom on how to master the art of marriage:

The Art of Marriage

In marriage…

The little things are the big things.
It is never being too old to hold hands.
It is remembering to say "I love you" at least once a day.
It is never going to sleep angry.
It is at no time taking the other for granted.
The courtship should not end with the honeymoon, it should continue through all the years.
It is having a mutual sense of values and common objectives; it is facing the world together.
It is forming a circle of love that gathers in the whole family.
It is doing things for each other, not in the attitude of duty or sacrifice, but in the spirit of joy.
It is speaking words of appreciation and demonstrating gratitude in thoughtful ways.
It is not expecting the husband to wear a halo or the wife to have the wings of an angel.
It is not looking for perfection in each other.
It is cultivating flexibility, patience, understanding, and a sense of humor.
It is having the capacity to forgive and forget.
It is giving each other an atmosphere in which each can grow.
It is finding room for the things of the spirit.
It is the common search for the good and the beautiful.
It is the establishing of a relationship in which the independence is equal,
    the dependence is mutual, and the obligation is reciprocal.
And finally, it is not only *marrying* the right partner, it is *being* the right partner.

WEDDING VOWS

Groom, please repeat after me.

I, **Groom**, take you **Bride**, / to be my partner in life. / I promise to walk by your side forever, / and to love, help, and encourage you in all that you do. / I will take time to talk with you, / to listen to you, / and to care for you. / I will share your laughter and your tears / as your partner, lover, and best friend. / Everything I am and everything I have is yours / now and forevermore.

Bride, please repeat after me.

I, **Bride**, give myself to you **Groom**, / on this, our wedding day. / I will cherish our friendship, / and love you today, tomorrow and forever. / I will trust you and honor you. / I will love you faithfully / through the best and the worst, / through the difficult and the easy. / Whatever may come, I will be there always. / As I have given you my hand to hold, / so I give you my life to keep.

EXPLANATION OF THE RINGS

The wedding ring is the outward and visible sign of an inward and invisible bond which unites two loyal hearts in endless love. The ring is a circle that has no end, and symbolizes the never-ending love that exists between you. The precious metal, of which the ring is composed, is a symbol of the riches that reside in each of you. These rings also are made of rare gems, gems that radiate a brilliance and a quality that set them apart from other ordinary stones. May these rings always reflect the light of your love throughout your life together.

EXCHANGE OF THE RINGS

May I have the symbol of **Groom's** love for **Bride**?

(Officiant receives ring from Best Man, Ring Bearer or Ring Sponsors.)

Groom, please repeat after me.

I give you this ring. /Wear it with love and joy. / As this ring has no end, /neither shall my love for you. / I choose you to be my wife / this day and forevermore.

May I have the symbol of **Bride's** love for **Groom**?

(Officiant receives ring from Best Man, Ring Bearer or Ring Sponsors.)

Bride, please repeat after me.

This ring I give you / in token of my love and devotion, / and with my heart, / I pledge to you all that I am. / With this ring I marry you / and join my life to yours.

LIGHTING OF THE UNITY CANDLE

When the flames of two individual candles join together, a single brighter light is created from that union. May the brightness of this light shine throughout your lives, giving you courage and reassurance in the darkness. May its warmth give you shelter from the cold, and may its energy fill your spirits with strength and joy. Now as you light this candle, may it symbolize that today you become as one...hand in hand, heart to heart, flesh to flesh, and soul to soul.

WEDDING BLESSING

Now you will feel no rain, for each of you will be a shelter for the other. Now you will feel no cold, for each of you will be warmth to the other. Now there will be no loneliness, for each of you will be a companion to the other. Now you are two persons, but there is only one life before you. Go now to your dwelling place to enter the days of your togetherness. May beauty surround you both in the journey ahead and through all the years. May happiness be your companion, and may your days together be good and long upon the earth. *(Apache Blessing)*

PRONOUNCEMENT

Groom y **Bride**, because you have committed yourselves to each other in marriage, and demonstrated this by exchanging your vows and giving each other rings, I now pronounce you husband and wife.

KISS

Groom, you may kiss the Bride.

(Bride and Groom kiss.)

(Bride receives bouquet from Maid of Honor.)

PRESENTATION

Ladies and Gentlemen, it is an honor to introduce to you for the very first time,
Mr. and Mrs. Newlywed (last name).

Love ~ el Amor

La Ceremonia Civil

(No-religiosa)

Español

*Un buen matrimonio
debe ser creado*

La Ceremonia Civil

LA BIENVENIDA

Nos hemos reunido hoy en el amor de amigos y familiares para celebrar la unión de estas dos vidas. **El Novio** y **La Novia** están aquí ante ustedes como dos, pero se irán como uno solo—unidos en matrimonio.

Lo que se prometen hoy debe renovarse nuevamente mañana y todos los días que siguen. Nada es más fácil que decir palabras. Nada es más difícil que vivirlos día a día. Al final de esta ceremonia, legalmente, ustedes serán marido y mujer. Pero aún así, deben decidir cada día comprometerse el uno con el otro. Tomen esa decisión y siguen haciéndolo, porque lo más importante en la vida es amar y ser amado.

EL ACUERDO

El Novio y **La Novia**, mientras se dan la mano el uno al otro, están ustedes listos para unirse como marido y mujer?

(Los dos contestan): Sí.

Quién presenta a **La Novia** para casarse con **El Novio**?

(el Acompañante): Sus padres o Su Madre y su Padre o Su familia o Yo la entrego or Nosotros la entregamos.

(La Novia le da el ramo de flores a la Madrina de Honor.)

LA HOMILÍA Y LAS LECTURAS

Hoy en día, ustedes toman en su cuidado y confianza la felicidad de la única persona en este mundo a quien ama con todo corazón. Ustedes están de acuerdo de compartir las experiencias más ricas y más profundas de la vida. Ustedes agregan a su vida no solo el cariño del otro, sino también el compañerismo y la bendición del respeto mutuo. Ustedes han invitado a estos amigos y familiares para compartir en la celebración de su amor que ahora culmina en su unión como marido y mujer.

Cuando uno entra el matrimonio, entra en la relación más importante de la vida. Es un regalo que da consuelo cuando hay sufrimiento, calma cuando hay desasosiego, risa cuando hay felicidad y amor cuando se lo comparte. El amor verdadero nos lleva más allá de los sentimientos del romance y gloria. Es cuidar más sobre el bien estar y felicidad de su compañero que sus propias necesidades y deseos. El amor hace más ligero las cargas de la vida porque se las dividen. Hace que las alegrías sean más íntimas porque las comparten. Los hace más fuertes para que puedan arriesgar juntos lo que no pensarían hacer solos. El amor verdadero los hace más fuertes juntos que separados.

Un matrimonio exitoso no es algo que simplemente sucede. Hay que luchar y hacer un esfuerzo. Pero lo más importante, es que ambos se comprometen. Hay que crear un buen matrimonio. Escuchen estas palabras de sabiduría sobre cómo dominar el arte del matrimonio:

El Arte del Matrimonio

En el matrimonio...

Las pequeñas cosas son las cosas grandes.

Nunca se está demasiado viejo para tomarse de las manos.

Es recordar decir "te amo" por lo menos una vez al día.

Nunca se va a dormir enojados.

Es en ningún momento de tomar el otro por sentado.

El cortejo no debe de terminar con la luna de miel; debe de continuar a través de los años.

Es tener un sentido mutuo de valores y objetivos comunes; es enfrentarse al mundo juntos.

Se está formando un círculo de amor que reúne a toda la familia.

Es hacer cosas el uno para el otro, no en la actitud del servicio o del sacrificio, sino en el espíritu de alegría.

Es decir palabras de gratitud y demostrar agradecimiento de maneras amables.

No se espera que el esposo lleve un halo o que la esposa tenga las alas de un ángel.

No es buscar la perfección en el otro.

Es cultivar la flexibilidad, la paciencia, el entendimiento y un sentido del humor.

Es tener la capacidad de perdonar y olvidar.

Es dar uno al otro una atmósfera en que cada uno puede crecer.

Es encontrar lugar para las cosas del espíritu.

Es la búsqueda común de lo bueno y lo bello.

Es el establecimiento de una relación
    en la que la independencia es igual, la dependencia es mutua y la obligación es recíproca.

Y por último, no es solamente *casarse con* la pareja perfecta, sino también *ser* la pareja perfecta.

LAS PROMESAS MATRIMONIALES

El Novio, repita después de mí.

Yo, **El Novio** te recibo **La Novia** / para ser mi compañera de vida. / Yo prometo caminar a tu lado para siempre / y amarte, ayudarte y animarte en todo lo que haces. / Yo tomaré tiempo para hablar contigo, / para escucharte / y para cuidarte. / Yo compartiré tus risas y tus lágrimas / como tu pareja, amante y mejor amigo. / Todo lo que tengo es tuyo / ahora y siempre.

La Novia, repita después de mí.

Yo, **La Novia**, te doy a ti mi alma, **El Novio**, / en este día de nuestra boda. / Yo apreciaré nuestra amistad / y te amaré hoy, mañana y para siempre. / Te confiaré en ti y te honraré. / Te amaré fielmente / en lo bueno y lo malo, / por lo difícil y lo fácil. / Venga lo que venga, yo siempre quedaré a tu lado. / Como te he dado la mano para sostener, / te doy mi vida para guardar.

LA EXPLICACIÓN DE LOS ANILLOS

El anillo matrimonial es un signo externo y visible de un vínculo interno e invisible, en la cual se juntan dos corazones leales en un amor eterno. El anillo es un círculo el cual no tiene final y simboliza el amor infinito que existe entre ustedes. La substancia de metal de la cual está compuesto el anillo es un símbolo de la riqueza que vive en cada uno de ustedes. Estos anillos están hechos también con gemas preciosas, gemas que irradian una calidad y un brillo que las separa de otras piedras ordinarias. Que estos anillos siempre reflejen la luz de su amor por toda su vida juntos.

EL INTERCAMBIO DE LOS ANILLOS

¿Me puede entregar el símbolo del amor de **El Novio** por **La Novia**?
(Recibe el anillo del Padrino de Honor o del Paje de Anillos.)

El Novio, repita después de mí.

Te entrego este anillo. / Llévalo con amor y felicidad. / Como este anillo no tiene fin, tampoco mi amor por ti. / Te elijo como mi esposa(o) / para hoy y para siempre.

¿Me puede entregar el símbolo del amor de **La Novia** por **El Novio**?
(Recibe el anillo de la Madrina de Honor o del Paje de Anillos.)

La Novia, repita después de mí.

Te entrego este anillo, / como prueba de mi amor y devoción / y con mi corazón, / te ofrezco todo lo que soy. / Con este anillo, me caso contigo / y junto mi vida a la tuya.

LA VELA DE UNIDAD

Cuando las llamas de dos velas individuales se junten, una sola luz más brillante está creada por esta unión. Que el resplandor de esta luz brille por su vida, dándoles valor y consuelo en la oscuridad. Que su calor les dé refugio del frío y que su energía llene sus espíritus con fortaleza y felicidad. Ahora mientras encienden esta vela, simboliza que hoy ustedes se convierten en uno—mano a mano, corazón a corazón, carne a carne y alma a alma.

LA BENDICIÓN MATRIMONIAL

Ahora ustedes no sentirán la lluvia sino que serán el refugio el uno al otro. Ahora no sentirán el frío sino que serán el calor el uno al otro. Ahora no habrá más soledad sino que siempre serán la compañía el uno al otro. Ahora ustedes son dos personas, pero solo hay una vida enfrente de sí. Vayan ahora a su hogar a entrar en los días juntadas para siempre. Que la belleza los rodee a ambos en la jornada que se les presenta por todos los años en adelante. Que la felicidad sea su compañía y que sus días juntos en esta tierra sean buenos y largos. *(La Bendición de los Apaches)*

LA DECLARACIÓN

El Novio y **La Novia**, porque ustedes se han comprometido en matrimonio, y lo han demostrado al intercambiar sus votos y al darse unos a otros los anillos, ahora los declaro marido y mujer.

EL BESO

El Novio, puede besar a la Novia.

(Los Novios se besan.)

(La Novia recibe el ramo de flores de la Madrina de Honor.)

LA PRESENTACIÓN

Damas y Caballeros, es un honor presentarles por primera vez,
El Señor y La Señora Recién Casados o **Los Señores Recién Casados** (su apellido).

Love ~ el Amor

Bilingual Civil Ceremony

(Non-religious)

English—Spanish

✖

La Ceremonia Civil Bilingüe

(No-religiosa)

Inglés—Español

A good marriage
must be created

Un buen matrimonio
debe ser creado

CIVIL CEREMONY
ENGLISH

WELCOME

We have gathered today in the love of friends and family to celebrate the joining together of these two lives. **Groom's full name** and **Bride's full name** stand before you here today as two, but they will leave as one—united in marriage.

What you both promise to each other today must be renewed again tomorrow and every day that follows. Nothing is easier than saying words. Nothing is harder than living them day by day. At the end of this ceremony, legally, you will be husband and wife. But still, you must decide each and every day to commit yourselves to one another. Make that decision, and keep on making it, for the most important thing in life is to love and to be loved.

CONSENT

Groom and **Bride**, as you give your hand to the other, are you ready to be united as husband and wife?

(Both answer): Yes.

Who presents **Bride** to be married to **Groom**?

(Escort): Her parents or Her Mother and Father or Her family or I do or We do.

(Bride gives her bouquet to the Maid of Honor.)

ADDRESS AND READINGS

Today, you are taking into your care and trust the happiness of the one person in this world whom you love with all your heart. You are agreeing to share life's deepest and richest experiences. You are adding to your life not only the affection of each other, but also the companionship and blessing of mutual respect. You have invited these guests to share in the celebration of your love, a love that now culminates in your union as husband and wife.

LA CEREMONIA CIVIL
ESPAÑOLA

LA BIENVENIDA

Nos hemos reunido hoy en el amor de amigos y familiares para celebrar la unión de estas dos vidas. **El Novio** y **La Novia** están aquí ante ustedes como dos, pero se irán como uno solo—unidos en matrimonio.

Lo que se prometen hoy debe renovarse nuevamente mañana y todos los días que siguen. Nada es más fácil que decir palabras. Nada es más difícil que vivirlos día a día. Al final de esta ceremonia, legalmente, ustedes serán marido y mujer. Pero aún así, deben decidir cada día comprometerse el uno con el otro. Tomen esa decisión y siguen haciéndolo, porque lo más importante en la vida es amar y ser amado.

EL ACUERDO

El Novio y **La Novia**, mientras se dan la mano el uno al otro, están ustedes listos para unirse como marido y mujer?

(Los dos contestan): Sí.

¿Quién presenta a **La Novia** para casarse con **El Novio**?

(el Acompañante): Sus padres o Su Madre y su Padre o Su familia o Yo la entrego o Nosotros la entregamos.

(La Novia le da el ramo de flores a la Madrina de Honor.)

LA HOMILÍA Y LAS LECTURAS

Hoy en día, ustedes toman en su cuidado y confianza la felicidad de la única persona en este mundo a quien ama con todo corazón. Ustedes están de acuerdo de compartir las experiencias más ricas y más profundas de la vida. Ustedes agregan a su vida no solo el cariño del otro, sino también el compañerismo y la bendición del respeto mutuo. Ustedes han invitado a estos amigos y familiares para compartir en la celebración de su amor que ahora culmina en su unión como marido y mujer.

When you enter into marriage, you enter into life's most important relationship. It is a gift, given to bring comfort when there is sorrow, peace when there is unrest, laughter when there is happiness, and love when it is shared. True love goes far beyond the feelings of romance and bliss. It is caring more about the well-being and happiness of your marriage partner than your own needs and desires. Love makes burdens lighter because you divide them. It makes joys more intense because you share them. It makes you stronger so you can become involved with life in ways you dare not risk alone. Real love says you are stronger together than when you are apart.

A successful marriage is not something that just happens. It takes work and it takes effort. Most importantly, it takes a commitment from both of you. A good marriage must be created. Listen to these words of wisdom on how to master the art of marriage:

The Art of Marriage

A good marriage must be created.
In marriage...
The little things are the big things.
It is never being too old to hold hands.
It is remembering to say "I love you" at least once a day.
It is never going to sleep angry.
It is at no time taking the other for granted;
the courtship should not end with the honeymoon,
it should continue through all the years.
It is having a mutual sense of values and common
objectives; it is facing the world together.
It is forming a circle of love that gathers in the
whole family.
It is doing things for each other, not in the
attitude of duty or sacrifice, but in the spirit of joy.
It is speaking words of appreciation and
demonstrating gratitude in thoughtful ways.
It is not expecting the husband to wear a halo
or the wife to have the wings of an angel.
It is not looking for perfection in each other.
It is cultivating flexibility, patience,
understanding, and a sense of humor.
It is having the capacity to forgive and forget.
It is giving each other an atmosphere in which
each can grow.
It is finding room for the things of the spirit.
It is the common search for the good and the beautiful.

Cuando uno entra el matrimonio, entra en la relación más importante de la vida. Es un regalo que da consuelo cuando hay sufrimiento, calma cuando hay desasosiego, risa cuando hay felicidad y amor cuando se lo comparte. El amor verdadero nos lleva más allá de los sentimientos del romance y gloria. Es cuidar más sobre el bien estar y felicidad de su compañero que sus propias necesidades y deseos. El amor hace más ligero las cargas de la vida porque se las dividen. Hace que las alegrías sean más íntimas porque las comparten. Los hace más fuertes para que puedan arriesgar juntos lo que no pensarían hacer solos. El amor verdadero los hace más fuertes juntos que separados.

Un matrimonio exitoso no es algo que simplemente sucede. Hay que luchar y hacer un esfuerzo. Pero lo más importante, es que ambos se comprometen el uno al otro. Hay que crear un buen matrimonio. Escuchen estas palabras de sabiduría sobre cómo dominar el arte del matrimonio:

El Arte del Matrimonio

Un buen matrimonio debe ser creado.
En el matrimonio...
Las pequeñas cosas son las cosas grandes.
Nunca se está demasiado viejo para tomarse de las manos.
Es decir "Te quiero" por lo menos una vez al día.
Nunca se va a dormir enojados.
Es en ningún momento de tomar el otro por sentado.
El cortejo no debe terminar con la luna de miel;
debe continuar a través de los años.
Es tener un sentido mutuo de valores y objetivos
comunes; es enfrentarse al mundo juntos.
Se está formando un círculo de amor que reúne a
toda la familia.
Es hacer cosas el uno para el otro, no en la actitud del
servicio o del sacrificio, sino en un espíritu de alegría.
Es decir palabras de gratitud y demostrar
agradecimiento en maneras amables.
No se espera que el esposo lleve un halo o que la
esposa tenga las alas de un ángel.
No es buscar la perfección en el otro.
Es cultivar la flexibilidad, la paciencia, el
entendimiento y un sentido del humor.
Es tener la capacidad de perdonar y olvidar.
Es dar uno al otro una atmósfera en que cada uno
puede crecer.
Es encontrar lugar para las cosas del espíritu.
Es la búsqueda común de lo bueno y lo bello.

It is the establishing of a relationship in which the independence is equal, the dependence is mutual, and the obligation is reciprocal.

And finally, it is not only *marrying* the right partner, it is *being* the right partner.

WEDDING VOWS

Groom, please repeat after me.

I, **Groom** take you **Bride** / to be my partner in life. / I promise to walk by your side forever, / and to love, help, and encourage you in all that you do. / I will take time to talk with you, / to listen to you, / and to care for you. / I will share your laughter and your tears / as your partner, lover, and best friend. / Everything I am and everything I have is yours / now and forevermore.

Bride, please repeat after me.

I, **Bride**, give myself to you **Groom**, / on this, our wedding day. / I will cherish our friendship, / and love you today, tomorrow and forever. / I will trust you and honor you. / I will love you faithfully / through the best and the worst, / through the difficult and the easy. / Whatever may come, I will be there always. / As I have given you my hand to hold, / so I give you my life to keep.

EXPLANATION OF THE RINGS

The wedding ring is the outward and visible sign of an inward and invisible bond which unites two loyal hearts in endless love. The ring is a circle that has no end, and symbolizes the never-ending love that exists between you. The precious metal, of which the ring is composed, is a symbol of the riches that reside in each of you. These rings also are made of rare gems, gems that radiate a brilliance and a quality that set them apart from other ordinary stones. May these rings always reflect the light of your love throughout your life together.

LAS PROMESAS MATRIMONIALES

El Novio, repita después de mí.

Yo, **El Novio** te recibo **La Novia** / para ser mi compañera de vida. / Yo prometo caminar a tu lado para siempre / y amarte, ayudarte y animarte en todo lo que haces. / Yo tomaré tiempo para hablar contigo, / para escucharte / y para cuidarte. / Yo compartiré tus risas y tus lágrimas / como tu pareja, amante y mejor amigo. / Todo lo que tengo es tuyo / ahora y siempre.

La Novia, repita después de mí.

Yo, **La Novia**, te doy a ti mi alma, **El Novio**, / en este día de nuestra boda. / Yo apreciaré nuestra amistad / y te amaré hoy, mañana y para siempre. / Te confiaré en ti y te honraré. / Te amaré fielmente / en lo bueno y lo malo, / por lo difícil y lo fácil. / Venga lo que venga, yo siempre quedaré a tu lado. / Como te he dado la mano para sostener, / te doy mi vida para guardar.

LA EXPLICACIÓN DE LOS ANILLOS

El anillo matrimonial es un signo externo y visible de un vínculo interno e invisible, en la cual se juntan dos corazones leales en un amor eterno. El anillo es un círculo que no tiene fin, y simboliza el amor interminable que existe entre ustedes. El metal precioso, del cual está compuesto el anillo, es un símbolo de las riquezas que residen en cada uno de ustedes. Estos anillos están hechos también con gemas preciosas, gemas que irradian una calidad y un brillo que las separa de otras piedras ordinarias. Que estos anillos siempre reflejen la luz de su amor por toda su vida juntos.

EXCHANGE OF THE RINGS

May I have the symbol of **Groom's** love for **Bride**?

(Officiant receives ring.)

Groom, please repeat after me.

I give you this ring. /Wear it with love and joy. / As this ring has no end, /neither shall my love for you. / I choose you to be my wife / this day and forevermore.

May I have the symbol of **Bride's** love for **Groom**?

(Officiant receives ring.)

Bride, please repeat after me.

This ring I give you / in token of my love and devotion, / and with my heart, / I pledge to you all that I am. / With this ring I marry you / and join my life to yours.

THE UNITY CANDLE

When the flames of two individual candles join together, a single brighter light is created from that union. May the brightness of this light shine throughout your lives, giving you courage and reassurance in the darkness. May its warmth give you shelter from the cold, and may its energy fill your spirits with strength and joy. Now as you light this candle, may it symbolize that today you become as one...hand in hand, heart to heart, flesh to flesh, and soul to soul.

WEDDING BLESSING

Now you will feel no rain, for each of you will be a shelter for the other. Now you will feel no cold, for each of you will be warmth to the other. Now there will be no loneliness, for each of you will be a companion to the other. Now you are two persons, but there is only one life before you. Go now to your dwelling place to enter the days of your togetherness. May beauty surround you both in the journey ahead and through all the years. May happiness be your companion, and may your days together be good and long upon the earth. *(Apache Blessing)*

EL INTERCAMBIO DE LOS ANILLOS

¿Me puede entregar el símbolo del amor de **El Novio** por **La Novia**?

(El Oficiante recibe el anillo.)

El Novio, repita después de mí.

Te entrego este anillo. / Llévalo con amor y felicidad. / Como este anillo no tiene fin, tampoco mi amor por ti. / Te elijo como mi esposa(o) / para hoy y para siempre.

¿Me puede entregar el símbolo del amor de **La Novia** por **El Novio**?

(El Oficiante recibe el anillo.)

La Novia, repita después de mí.

Te entrego este anillo, / como prueba de mi amor y devoción / y con mi corazón, / te ofrezco todo lo que soy. / Con este anillo, me caso contigo / y junto mi vida a la tuya.

LA VELA DE UNIDAD

Cuando las llamas de dos velas individuales se junten, una sola luz más brillante está creada por esta unión. Que el resplandor de esta luz brille por su vida, dándoles valor y consuelo en la oscuridad. Que su calor les dé refugio del frío y que su energía llene sus espíritus con fortaleza y felicidad. Ahora mientras encienden esta vela, simboliza que hoy ustedes se convierten en uno— mano a mano, corazón a corazón, carne a carne y alma a alma.

LA BENDICIÓN MATRIMONIAL

Ahora ustedes no sentirán la lluvia sino que serán el refugio el uno al otro. Ahora no sentirán el frío sino que serán el calor el uno al otro. Ahora no habrá más soledad sino que siempre serán la compañía el uno al otro. Ahora ustedes son dos personas, pero solo hay una vida enfrente de sí. Vayan ahora a su hogar a entrar en los días juntadas para siempre. Que la belleza los rodee a ambos en la jornada que se les presenta por todos los años en adelante. Que la felicidad sea su compañía y que sus días juntos en esta tierra sean buenos y largos. *(la Bendición de los Apaches)*

PRONOUNCEMENT

Groom and **Bride**, because you have committed yourselves to each other in marriage, and demonstrated this by exchanging your vows and giving each other rings, I now pronounce you husband and wife.

KISS

Groom, you may kiss your Bride.

(Bride receives bouquet from maid of Honor.)

PRESENTATION

Ladies and Gentlemen, it is an honor to introduce to you for the very first time,
Mr. and Mrs. Newlywed (last name).

LA DECLARACIÓN

El Novio y **La Novia**, porque ustedes se han comprometido en matrimonio, y lo han demostrado al intercambiar sus votos y al darse unos a otros los anillos, ahora los declaro marido y mujer.

EL BESO

El Novio, puede besar a la Novia.

(La Novia recibe el ramo de flores de la Madrina de Honor.)

LA PRESENTACIÓN

Damas y Caballeros, es un honor presentarles por primera vez,
El Señor y La Señora Recién Casados o **Los Señores Recién Casados (su apellido).**

Love ~ el Amor

Readings

English

Faith, Hope, Love . . .

but the greatest of these is Love

READINGS

1a. Husbands

And you husbands, show the same kind of love to your wives as Christ showed to the church when He died for her. That is how husbands should be toward their wives, loving them in the same kind of way. *(Ephesians 5:25, 1 Peter 3:7)*

1b. Wives

If you can find a truly good wife, she is worth more than precious gems! He husband can trust her, and she will richly satisfy his needs. He praises her with these words, "There are many fine women in the world, but you are the best of them all!" *(Proverbs 31:10-11; 28-29)*

2a. The Love Chapter *(Traditional)*

Love is patient and kind; love is not jealous or boastful; it is not arrogant or rude. Love does not insist on its own way; it is not irritable or resentful; it does not rejoice at wrong, but rejoices in the right. Love bears all things, believes all things, hopes all things, endures all things. Love never fails. So faith, hope, and love abide, these three; but the greatest of these is love. *(1 Corinthians 13:4-8;13)*

2b. The Love Chapter *(Contemporary)*

Love is very patient and kind, never jealous or envious, never boastful or proud, never haughty or selfish or rude. Love does not demand its own way, nor is it irritable or touchy. It does not hold grudges and will hardly ever notice when others do it wrong. It is never glad about injustice, but rejoices whenever truth wins out. This kind of love knows no boundaries to its tolerance, no end to its trust, no fading of its hope, no limit to its endurance. It can outlast anything. Love is, in fact, the one thing that still stands when all else has failed." *(1 Corinthians 13:4-8)*

3. The Creation of Woman from the Rib of Man

The Lord God caused the man to fall into a deep sleep;
    and while he was sleeping, He took one of the man's ribs,
        and then closed up the place with flesh.
Then the Lord God formed a woman
    from the rib He had taken out of the man,
        and brought her to him.
The man said, "This is now bone of my bones
    and flesh of my flesh;
        she shall be called Woman, for she was taken out of Man." *(Genesis 2:21-23)*

Woman was made of a rib out of the side of Man.
    She was not created from Man's head to rule over him,
        nor from his feet to be trampled upon by him.
Instead, Woman was taken from his side, to be equal with him;
    under his arm, to be protected;
        and near his heart, to be loved. *~Matthew Henry*

4. A Family

A family is a place where you can cry and laugh,
    and be silly, or sad, or cross,
    where you can ask for help,
    and tease and yell at each other,
    and know that you will always be loved.
A family is made up of people who care about you when you are sad,
    who love you all the time, no matter what, and who share your good times.
They don't expect you to be perfect,
    but just want you to try to be the best you can be.
A family is a safe place like a circle,
    where we learn to like ourselves,
    where we learn about making good choices,
    where we learn to think about things before we do them,
    where we learn to be honest, and to have manners and respect for other people,
    where we are special,
    where we share ideas,
    where we listen to them and they listen to us,
    where we learn the rules of life to prepare ourselves for the world.
The world is a place where anything can happen.
If we grow up in a loving family like our family, we are ready for the world.

5. The Art of Marriage

A good marriage must be created.
In marriage…
The little things are the big things.
It is never being too old to hold hands.
It is remembering to say "I love you" at least once a day.
It is never going to sleep angry.
It is at no time taking the other for granted;
        the courtship should not end with the honeymoon, it should continue through all the years.
It is having a mutual sense of values and common objectives; it is facing the world together.
It is forming a circle of love that gathers in the whole family.
It is doing things for each other, not in the attitude of duty or sacrifice, but in the spirit of joy.
It is speaking words of appreciation and demonstrating gratitude in thoughtful ways.
It is not expecting the husband to wear a halo or the wife to have the wings of an angel.
It is not looking for perfection in each other.
It is cultivating flexibility, patience, understanding, and a sense of humor.
It is having the capacity to forgive and forget.
It is giving each other an atmosphere in which each can grow.
It is finding room for the things of the spirit.
It is the common search for the good and the beautiful.
It is the establishing of a relationship in which the independence is equal, the dependence is mutual,
        and the obligation is reciprocal.
And finally, it is not only *marrying* the right partner, it is *being* the right partner. ~*Wilferd A. Petersen*

6. The Key to Love

The key to love is **Understanding**...
the ability to comprehend not only the spoken word, but those unspoken gestures,
the little things that say so much by themselves.

The key to love is **Forgiveness**...
to accept each other's faults and pardon mistakes, without forgetting,
but with remembering what you learn from them.

The key to love is **Sharing**...
facing your good fortunes as well as the bad, together;
both conquering problems, forever searching for ways to intensify your happiness.

The key to love is **Giving**...
without thought of return, but with the hope of just a simple smile,
and by giving in, but never giving up.

The key to love is **Respect**...
realizing that you are two separate people, with different ideas;
that you don't belong *to* each other, that you belong *with* each other, and share a mutual bon

The key to love is inside us all...
It takes time and patience to unlock all the ingredients that will take you to its threshold.
It is the continual learning process that demands a lot of work,
but the rewards are more than worth the effort,
    ...and *that* is the key to love.

7. When a Man and a Woman Are in Love

When a man and a woman are in love, his life lies within hers and her life lies within his.
Each lives as an individual, yet they also live for one another.
Each strives for independent goals, but they also work together to achieve their dreams.
When a man and a woman are in love, they will give to one another what they need to survive
        and help fulfill each other's wants.
They will turn one another's disappointment into satisfaction.
They will turn one another's frustration into contentment.
They will work as a mirror, reflecting to each other their strengths and weaknesses.
They will work together to alleviate the emotional walls that may separate them.
They will work together to build a better understanding of one another.
They will learn to lean on each other, but not so much as to be a burden on the other.
They will learn to reach out to one another, but not so much as to suffocate the other.
They will learn when it is time to speak and when it is time to listen.
They will be there to comfort each other in times of sorrow.
They will be there to celebrate together in times of happiness.
They will be one another's friend, guiding each other to the happiness that life holds.
They will be one another's companion, facing together the challenges that life may present.
When a man and a woman are in love, his life lies within hers and her life lies within his.
Together they will love one another for the rest of their lives and forever. ~*Stephen T. Fader*

8. These Hands

These are the hands of your best friend, young and strong and full of love that hold your hands
　　as you promise to love each other today, tomorrow, and forever.
These are the hands that will work alongside yours as together you build your future.
These are the hands that will hold you and comfort you in grief and uncertainty.
These are the hands that will wipe the tears from your eyes, tears of sorrow and tears of joy.
These are the hands that will hold your family together as one.
These are the hands that will give you strength when you struggle,
　　and encouragement to follow your dreams.
And these are the hands that even when wrinkled with age, will still be reaching for yours,
　　still giving you the same unspoken tenderness with just a touch—a touch from these hands.

9. When, At Last, Two Souls Find Each Other

When, at last, two souls find each other
　　who, for so long, have searched for the other in the crowd,
　　when they announce that they are partners
　　who understand each other and communicate with each other,
　　in short, they are a perfect pair,
　　a passionate and pure union, unique to themselves, arises forever,
　　a union that begins on earth and endures in heaven.
That union is love, genuine, real love that, truthfully, very few men can understand,
　　love that is faithful and true, that adores the beloved whose life radiates excitement and passion,
　　and for which the greatest sacrifices are the sweetest joys. ~*Victor Hugo*

10. Your Wedding Day

On the day of your wedding, the most precious gift you can give is unconditional love.
Take care of that love, since it is a great treasure,
　　and help it grow and flourish with the same dedication by which you created your love.
What you have in your hands is something unique and beautiful.
Throughout your time together, be sincere and faithful, and listen with your heart,
　　paying attention to what your partner feels and expresses.
Only then will you be able to understand the most intimate thoughts and desires of each one.
Share the triumphs and celebrate the victories together.
Say "I love you" often, so that the love and friendship that has grown between you never ceases to be.
Remember that it is important to maintain a sense of humor, even when you feel angry.
After all, you are best friends.
Remain united, always be there for the other, and be willing to face life together.
May peace fill your minds and your souls, and each day be your greatest blessing
　　so that you can achieve all your goals and dreams.

Las Lecturas

Español

la Fé, la Esperanza,
el Amor . . .

pero el mayor de ellos es
el Amor

LAS LECTURAS

1a. Los Maridos

Y ustedes maridos, deben mostrar el mismo amor hacia sus mujeres así como Dios mostró a la iglesia cuando murió por ella. De esta manera los maridos deben ser hacia sus mujeres, amándoles en la misma manera. *(Efesios 5:25, 1 Pedro 3:7)*

1b. Las Mujeres

¡Si puede encontrar una mujer virtuosa, ella es más valiosa que las joyas! Su marido le puede confiar, y ella ampliamente satisface sus deseos. Él la elogia con estas palabras: "¡Hay muchas mujeres buenas en el mundo, pero tú eres la mejor de todas!" *(Proverbios 31:10-11, 28-29)*

2a. El Capítulo de Amor *(Tradicional)*

El amor es paciente y bondadoso; en el amor no hay celos ni jactancias; no es arrogante o cruel; el amor no insiste en su propia manera; no es irritable o resentido; no se alegra de lo malo sino se alegra de lo bueno. El amor tolera todo, cree en todo, desea todo, sobrevive todo. El amor nunca falla. Así pues, permanecen la fe, la esperanza, y el amor, estos tres; pero el mayor de ellos es el amor. *(1 Corintios 13:4-8, 13)*

2b. El Capítulo de Amor *(Contemporáneo)*

El amor es muy paciente y amable, nunca celoso ni envidioso, nunca jactancioso ni orgulloso, nunca altivo ni egoísta ni grosero. El amor no exige su propio camino, ni es irritable ni delicado. No guarda rencor y casi nunca se dará cuenta cuando otros lo hagan mal. Nunca se alegra por la injusticia, pero se alegra cuando la verdad gana. Este tipo de amor no conoce límites a su tolerancia, no tiene fin a su confianza, no se desvanece su esperanza, no hay límite a su resistencia. Puede durar más que cualquier cosa. El amor es, de hecho, lo único que permanece firme cuando todo lo demás ha fallado. *(1 Corintios 13:4-8)*

3. La Creación de la Mujer de la Costilla del Hombre

Entonces Jehová Dios hizo caer sueño profundo sobre Adán;
    y mientras éste dormía, tomó una de sus costillas,
        y cerró la carne en su lugar.
Y de la costilla que Jehová Dios tomó del hombre,
    hizo una mujer,
        y la trajo al hombre.
Dijo entonces Adán:
    "Esto es ahora hueso de mis huesos y carne de mi carne:
        ésta será llamado Varona, porque del Varón fue tomada." *(Genesis 2:21-23)*

La Mujer fue creada de la costilla del costado del Hombre.
    Ella no fue creada de la cabeza para mandar sobre él,
        tampoco fue creada de los pies para ser pisoteada por él.
Al contrario, la Mujer fue tomada de su costado, para ser igual a él;
    bajo su brazo, para ser protegida;
        y cerca de su corazón, para ser amada. *~Matthew Henry*

4. La Familia

Una familia es un lugar donde puedes llorar y reír,
    y ser tonto, triste o enojado,
    donde puedes pedir ayuda,
    y bromearse y gritarse,
    y saber que siempre serás amado.
Una familia se compone de personas que se preocupan por ti cuando estás triste,
    que te aman todo el tiempo, no importa qué, y que comparten tus buenos momentos.
No esperan que seas perfecto,
    pero solo quieren que trates de ser lo mejor que puedas ser.
Una familia es un lugar seguro como un círculo,
    donde aprendemos a gustarnos a nosotros mismos,
    donde aprendemos a tomar buenas decisiones,
    donde aprendemos a pensar sobre las cosas antes de hacerlas,
    donde aprendemos a ser honestos, a tener modales y respeto para otras personas,
    donde somos especiales,
    donde compartimos ideas,
    donde los escuchamos y ellos nos escuchan,
    donde aprendemos las reglas de la vida para prepararnos para el mundo.
El mundo es un lugar donde cualquier cosa puede pasar.
Si crecemos en una familia amorosa como nuestra familia, estamos listos para el mundo.

5. El Arte del Matrimonio

Un buen matrimonio debe de ser creado.
En el matrimonio…
Las pequeñas cosas son las cosas grandes.
Nunca se está demasiado viejo para tomarse de las manos.
Es recordar decir "te amo" por lo menos una vez al día.
Nunca se va a dormir enojados.
Es en ningún momento de tomar el otro por sentado.
El cortejo no debe de terminar con la luna de miel; debe de continuar a través de los años.
Es tener un sentido mutuo de valores y objetivos comunes; es enfrentarse al mundo juntos.
Se está formando un círculo de amor que reúne a toda la familia.
Es hacer cosas el uno para el otro, no en la actitud del servicio o del sacrificio, sino en el espíritu de alegría.
Es decir palabras de gratitud y demostrar agradecimiento de maneras amables.
No se espera que el esposo lleve un halo o que la esposa tenga las alas de un ángel.
No es buscar la perfección en el otro.
Es cultivar la flexibilidad, la paciencia, el entendimiento y un sentido del humor.
Es tener la capacidad de perdonar y olvidar.
Es dar uno al otro una atmósfera en que cada uno puede crecer.
Es encontrar lugar para las cosas del espíritu.
Es la búsqueda común de lo bueno y lo bello.
Es el establecimiento de una relación
    en la que la independencia es igual, la dependencia es mutua y la obligación es recíproca.
Y por último, no es solamente *casarse con* la pareja perfecta, sino también *ser* la pareja perfecta.

~Wilferd A. Petersen

6. La Clave del Amor

La clave del amor es **Comprender**…
la capacidad de comprender no solo la palabra hablada, sino esos gestos tácitos
las pequeñas cosas que dicen tanto por sí mismas.

La clave del amor es **Perdonar**…
aceptar las faltas de los demás y perdonar los errores, sin olvidarlos,
pero con recordar lo que aprenden de ellos.

La clave del amor es **Compartir**…
enfrentarse sus fortunas buenas y malas juntos;
ambos vencer problemas, buscar siempre formas de intensificar su felicidad.

La clave del amor es **Dar**…
sin pensar en recibir algo a cambio, pero con la esperanza de recibir una sonrisa simple,
y para cederse, pero nunca rendirse.

La clave del amor es **Respetar**…
darse cuenta de que son dos personas separadas, con ideas diferentes;
que no se poseen, sino que se pertenecen, y que comparten un vínculo mutuo.

La clave del amor está dentro de todos nosotros…
Se necesitan tiempo y paciencia para desbloquear todos los ingredientes que los llevarán a su umbral.
Es el proceso de aprendizaje continuo que exige mucho trabajo,
pero las recompensas son más valiosas que los esfuerzos,
…y *eso* es la clave del amor.

7. Cuando Un Hombre y Una Mujer Están Enamorados

Cuando un hombre y una mujer están enamorados, la vida de él depende de ella, y la de ella, de la de él.
Cada uno vivirá su vida como individual, pero igual vivirán el uno para el otro.
Cada uno luchará por sus propias metas, pero igual trabajarán juntos para lograr sus sueños.
Cuando un hombre y una mujer están enamorados, se darán el uno al otro lo necesario para sobrevivir,
    y se ayudarán el uno al otro para alcanzar sus deseos.
Juntos convertirán los fracasos de cada uno en éxitos.
Juntos convertirán las frustraciones de cada uno en regocijos.
Juntos trabajarán como si fueran un espejo, reflejándose cada uno sus virtudes y debilidades.
Trabajarán juntos para derribar las barreras emocionales que puedan separarlos.
Trabajarán juntos para construir un mejor entendimiento del uno hacia el otro.
Juntos aprenderán a apoyarse el uno en el otro, pero sin hacer de ese apoyo una carga.
Juntos aprenderán a depender el uno del otro, pero sin que esa dependencia llegue a sofocarlos.
Juntos aprenderán distinguir cuando se debe de hablar y cuando sólo se debe de escuchar.
Juntos estarán allí para confortarse el uno al otro en tiempos de tristezas.
Juntos estarán allí para celebrar los momentos de felicidad.
Serán el amigo que el otro necesita, guiándose para encontrar juntos la felicidad que la vida les ofrece.
Serán compañeros para enfrentar juntos las adversidades que la vida les presente.
Cuando un hombre y una mujer están enamorados, la vida de él depende de ella, y la de ella, de la de él.
Juntos se amarán el uno al otro por el resto de sus vidas y por toda la eternidad. *~Stephen T. Fader*

8. Estas Manos

Estas son las manos de su pareja, jóvenes y fuertes, unidas en promesa,
    y llenas de amor para hoy, mañana, y siempre.
Estas son las manos que trabajarán juntos a las suyas mientras construyen su futuro juntos.
Estas son las manos que le sostendrán y le consolarán en sus dolores y sus miedos.
Estas son las manos que limpiarán sus lágrimas, ya sean de pena o alegría.
Estas son las manos que sostendrán la familia, y mantenerla unida como una sola.
Estas son las manos que le darán la fortaleza cuando luche, y el apoyo para seguir sus sueños.
Y estas son las manos que aunque estén viejitas y arrugadas, siempre buscarán sus manos,
    y dándose la misma ternura de siempre con solo un roce—un roce de estas manos.

9. Cuando Por Fin Se Encuentran Dos Almas

Cuando por fin se encuentran dos almas,
    que durante tanto tiempo se han buscado una a otra entre el gentío,
    cuando advierten que son parejas,
    que se comprenden y corresponden,
    en una palabra, que son semejantes,
    surge entonces para siempre una unión vehemente y pura como ellas mismas,
    un unión que comienza en la tierra y perdura en el cielo.
Esa unión es amor, amor auténtico, como en verdad muy pocos hombres pueden concebir,
    amor que es una religión, que deifica al ser amado cuya vida emana del fervor y de la pasión
    y para el que los sacrificios más grandes son los gozos más dulces. ~Victor Hugo

10. El Día de Su Boda

En el día de su boda, el regalo más precioso que se pueden entregar es el amor incondicional.
Cuiden de ese amor, ya que es un gran tesoro,
    y ayúdenlo a crecer y a florecer con la misma dedicación con la cual crearon su amor.
Lo que ustedes tienen en sus manos es algo único y hermoso.
A través del tiempo, sean sinceros y fieles, y escuchen con el corazón,
    prestando atención a lo que su pareja siente y expresa.
Solo así podrán comprender los pensamientos y deseos más íntimos de cada cual.
Compartan los triunfos y celebren juntos las victorias.
Digan "te amo" a menudo, para que el cariño y la amistad que ha crecido entre ustedes jamás deje de ser.
Recuerden que es importante mantener el sentido del humor, aun cuando sientan enojo.
Después de todo, ustedes son mejores amigos.
Permanezcan unidos, presentes el uno para el otro, y dispuestos a enfrentar la vida juntos.
Que la paz llene sus mentes y sus almas,
    y que cada día sea su mayor bendición para que así puedan alcanzar sus metas y sus sueños.

Bilingual Readings

English—Spanish

Las Lecturas Bilingües

Inglés—Español

Faith, Hope, Love

la Fé, la Esperanza,
el Amor

READINGS

1a. Husbands

And you husbands, show the same kind of love to your wives as Christ showed to the church when He died for her. That is how husbands should be toward their wives, loving them in the same kind of way. *(Ephesians 5:25, 1 Peter 3:7)*

1b. Wives

If you can find a truly good wife, she is worth more than precious gems! He husband can trust her, and she will richly satisfy his needs. He praises her with these words, "There are many fine women in the world, but you are the best of them all!" *(Proverbs 31:10-11; 28-29)*

2a. The Love Chapter *(Traditional)*

Love is patient and kind; love is not jealous or boastful; it is not arrogant or rude. Love does not insist on its own way; it is not irritable or resentful; it does not rejoice at wrong, but rejoices in the right. Love bears all things, believes all things, hopes all things, endures all things. Love never fails. So faith, hope, and love abide, these three; but the greatest of these is love. *(1 Corinthians 13:4-8;13)*

2b. The Love Chapter *(Contemporary)*

Love is very patient and kind, never jealous or envious, never boastful or proud, never haughty or selfish or rude. Love does not demand its own way, nor is it irritable or touchy. It does not hold grudges and will hardly ever notice when others do it wrong. It is never glad about injustice, but rejoices whenever truth wins out. This kind of love knows no boundaries to its tolerance, no end to its trust, no fading of its hope, no limit to its endurance. It can outlast anything. Love is, in fact, the one thing that still stands when all else has failed." *(1 Corinthians 13:4-8)*

LAS LECTURAS

1a. Los Maridos

Y ustedes maridos, deben mostrar el mismo amor hacia sus mujeres así como Dios mostró a la iglesia cuando murió por ella. De esta manera los maridos deben ser hacia sus mujeres, amándoles en la misma manera. *(Efesios 5:25, 1 Pedro 3:7)*

1b. Las Mujeres

Si puede encontrar una mujer virtuosa, ella es más valiosa que las joyas! Su marido le puede confiar, y ella ampliamente satisface sus deseos. Él la elogia con estas palabras: "¡Hay muchas mujeres buenas en el mundo, pero tú eres la mejor de todas!" *(Proverbios 31:10-11, 28-29)*

2a. El Capítulo de Amor *(Tradicional)*

El amor es paciente y bondadoso; en el amor no hay celos ni jactancias; no es arrogante o cruel; el amor no insiste en su propia manera; no es irritable o resentido; no se alegra de lo malo sino se alegra de lo bueno. El amor tolera todo, cree en todo, desea todo, sobrevive todo. El amor nunca falla. Así pues, permanecen la fe, la esperanza, y el amor, estos tres; pero el mayor de ellos es el amor. *(1 Corintios 13:4-8, 13)*

2b. El Capítulo de Amor *(Contemporáneo)*

El amor es muy paciente y amable, nunca celoso ni envidioso, nunca jactancioso ni orgulloso, nunca altivo ni egoísta ni grosero. El amor no exige su propio camino, ni es irritable ni delicado. No guarda rencor y casi nunca se dará cuenta cuando otros lo hagan mal. Nunca se alegra por la injusticia, pero se alegra cuando la verdad gana. Este tipo de amor no conoce límites a su tolerancia, no tiene fin a su confianza, no se desvanece su esperanza, no hay límite a su resistencia. Puede durar más que cualquier cosa. El amor es, de hecho, lo único que permanece firme cuando todo lo demás ha fallado.
(1 Corinthians 13:4-8)

3. The Creation of Woman from the Rib of Man

The Lord God caused the man to fall into a deep sleep; and while he was sleeping, He took one of the man's ribs, and then closed up the place with flesh. Then the Lord God formed a woman from the rib He had taken out of the man, and brought her to him. The man said, "This is now bone of my bones and flesh of my flesh; she shall be called Woman, for she was taken out of Man."

(Genesis 2:21-23)

Woman was made of a rib out of the side of Man. She was not created from Man's head to rule over him, nor from his feet to be trampled upon by him. Instead, Woman was taken from his side, to be equal with him; under his arm, to be protected; and near his heart, to be loved.

4. A Family

A family is a place where you can cry and laugh, and be silly, or sad, or cross, where you can ask for help, and tease and yell at each other, and know that you will always be loved.

A family is made up of people who care about you when you are sad, who love you all the time, no matter what, and who share your good times. They don't expect you to be perfect, but just want you to try to be the best you can be.

A family is a safe place like a circle, where we learn to like ourselves, where we learn about making good choices, where we learn to think about things before we do them, where we learn to be honest, and to have manners and respect for other people, where we are special, where we share ideas, where we listen to them and they listen to us, where we learn the rules of life to prepare ourselves for the world.

The world is a place where anything can happen. If we grow up in a loving family like our family, we are ready for the world.

3. La Creación de la Mujer de la Costilla del Hombre

Entonces Jehová Dios hizo caer sueño profundo sobre Adán; y mientras éste dormía, tomó una de sus costillas, y cerró la carne en su lugar. Y de la costilla que Jehová Dios tomó del hombre, hizo una mujer, y la trajo al hombre. Dijo entonces Adán: "Esto es ahora hueso de mis huesos y carne de mi carne: ésta será llamado Varona, porque del Varón fue tomada."

(Genesis 2:21-23)

La Mujer fue creada de la costilla del costado del Hombre. Ella no fue creada de la cabeza para mandar sobre él, tampoco fue creada de los pies para ser pisoteada por él. Al contrario, la Mujer fue tomada de su costado, para ser igual a él; bajo su brazo, para ser protegida; y cerca de su corazón, para ser amada.

4. La Familia

Una familia es un lugar donde puedes llorar y reír, y ser tonto, triste o enojado, donde puedes pedir ayuda, y bromearse y gritarse, y saber que siempre serás amado.

Una familia se compone de personas que se preocupan por ti cuando estás triste, que te aman todo el tiempo, no importa qué, y que comparten tus buenos momentos. No esperan que seas perfecto, pero solo quieren que trates de ser lo mejor que puedas ser.

Una familia es un lugar seguro como un círculo, donde aprendemos a gustarnos a nosotros mismos, donde aprendemos a tomar buenas decisiones, donde aprendemos a pensar sobre las cosas antes de hacerlas, donde aprendemos a ser honestos, a tener modales y respeto para otras personas, donde somos especiales, donde compartimos ideas, donde los escuchamos y ellos nos escuchan, donde aprendemos las reglas de la vida para prepararnos para el mundo.

El mundo es un lugar donde cualquier cosa puede pasar. Si crecemos en una familia amorosa como nuestra familia, estamos listos para el mundo.

5. The Art of Marriage

A good marriage must be created.

In marriage…

The little things are the big things.

It is never being too old to hold hands.

It is remembering to say "I love you" at least once a day.

It is never going to sleep angry.

It is at no time taking the other for granted;
the courtship should not end with the honeymoon,
it should continue through all the years.

It is having a mutual sense of values and common objectives; it is facing the world together.

It is forming a circle of love that gathers in the whole family.

It is doing things for each other, not in the attitude of duty or sacrifice, but in the spirit of joy.

It is speaking words of appreciation and demonstrating gratitude in thoughtful ways.

It is not expecting the husband to wear a halo or the wife to have the wings of an angel.

It is not looking for perfection in each other.

It is cultivating flexibility, patience, understanding, and a sense of humor.

It is having the capacity to forgive and forget.

It is giving each other an atmosphere in which each can grow.

It is finding room for the things of the spirit.

It is the common search for the good and the beautiful.

It is the establishing of a relationship in which the independence is equal, the dependence is mutual, and the obligation is reciprocal.

And finally, it is not only *marrying* the right partner, it is *being* the right partner.

5. El Arte del Matrimonio

Un buen matrimonio debe ser creado.

En matrimonio…

Las pequeñas cosas son las cosas grandes.

Nunca se está demasiado viejo para tomarse de las manos.

Es recordar decir "te amo" por lo menos una vez al día.

Nunca se va a dormir enojados.

Es en ningún momento de tomar el otro por sentado.

El cortejo no debe de terminar con la luna de miel; debe de continuar a través de los años.

Es tener un sentido mutuo de valores y objetivos comunes; es enfrentarse al mundo juntos.

Se está formando un círculo de amor que reúne a toda la familia.

Es hacer cosas el uno para el otro, no en la actitud del servicio o del sacrificio, sino en el espíritu de alegría.

Es decir palabras de gratitud y demostrar agradecimiento de maneras amables.

No se espera que el esposo lleve un halo o que la esposa tenga las alas de un ángel.

No es buscar la perfección en el otro.

Es cultivar la flexibilidad, la paciencia, el entendimiento y un sentido del humor.

Es tener la capacidad de perdonar y olvidar.

Es dar uno al otro una atmósfera en que cada uno puede crecer.

Es encontrar lugar para las cosas del espíritu.

Es la búsqueda común de lo bueno y lo bello.

Es el establecimiento de una relación en la que la independencia es igual, la dependencia es mutua y la obligación es recíproca.

Y por último, no es solamente *casarse con* la pareja perfecta, sino también *ser* la pareja perfecta.

6. The Key to Love

The key to love is **Understanding**...
the ability to comprehend not only the spoken word, but those unspoken gestures,
the little things that say so much by themselves.

The key to love is **Forgiveness**...
to accept each other's faults and pardon mistakes, without forgetting,
but with remembering what you learn from them.

The key to love is **Sharing**...
facing your good fortunes as well as the bad, together;
both conquering problems, forever searching for ways to intensify your happiness.

The key to love is **Giving**...
without thought of return, but with the hope of just a simple smile,
and by giving in, but never giving up.

The key to love is **Respect**...
realizing that you are two separate people, with different ideas;
that you don't belong *to* each other, that you belong *with* each other, and share a mutual bond.

The key to love is inside us all...
It takes time and patience to unlock all the ingredients that will take you to its threshold.
It is the continual learning process that demands a lot of work,
but the rewards are more than worth the effort,
    ...and *that* is The Key to Love.

6. La Clave del Amor

La clave del amor es **Comprender**...
la capacidad de comprender no solo la palabra hablada, sino esos gestos tácitos,
las pequeñas cosas que dicen tanto por sí mismas.

La clave del amor es **Perdonar**...
aceptar las faltas de los demás y perdonar los errores, sin olvidarlos,
pero con recordar lo que aprenden de ellos.

La clave del amor es **Compartir**...
enfrentarse sus fortunas buenas y malas juntos;
ambos vencer problemas, buscar siempre formas de intensificar su felicidad.

La clave del amor es **Dar**...
sin pensar en recibir algo a cambio, pero con la esperanza de recibir una sonrisa simple,
y para cederse, pero nunca rendirse.

La clave del amor es **Respetar**...
darse cuenta de que son dos personas separadas, con ideas diferentes;
que no se poseen, sino que se pertenecen, y que comparten un vínculo mutuo.

La clave del amor está dentro de todos nosotros...
Se necesitan tiempo y paciencia para desbloquear todos los ingredientes que los llevarán a su umbral.
Es el proceso de aprendizaje continuo que exige mucho trabajo,
pero las recompensas son más valiosas que los esfuerzos,
    ...y *eso* es La Clave del Amor.

7. When a Man and a Woman Are in Love

When a man and a woman are in love, his life lies within hers and her life lies within his.

Each lives as an individual, yet they also live for one another.

Each strives for independent goals, but they also work together to achieve their dreams.

When a man and a woman are in love, they will give to one another what they need to survive and help fulfill each other's wants.

They will turn one another's disappointment into satisfaction.

They will turn one another's frustration into contentment.

They will work as a mirror, reflecting to each other their strengths and weaknesses.

They will work together to alleviate the emotional walls that may separate them.

They will work together to build a better understanding of one another.

They will learn to lean on each other, but not so much as to be a burden on the other.

They will learn to reach out to one another, but not so much as to suffocate the other.

They will learn when it is time to speak and when it is time to listen.

They will be there to comfort each other in times of sorrow.

They will be there to celebrate together in times of happiness.

They will be one another's friend, guiding each other to the happiness that life holds.

They will be one another's companion, facing together the challenges that life may present.

When a man and a woman are in love, his life lies within hers and her life lies within his.

Together they will love one another for the rest of their lives and forever.

7. Cuando Un Hombre y Una Mujer Están Enamorados

Cuando un hombre y una mujer están enamorados, la vida de él depende de ella, y la de ella, de la de él.

Cada uno vivirá su vida como individual, pero igual vivirán el uno para el otro.

Cada uno luchará por sus propias metas, pero igual trabajarán juntos para lograr sus sueños.

Cuando un hombre y una mujer están enamorados, se darán el uno al otro lo necesario para sobrevivir, y se ayudarán el uno al otro para alcanzar sus deseos.

Juntos convertirán los fracasos de cada uno en éxitos.

Juntos convertirán las frustraciones de cada uno en regocijos.

Juntos trabajarán como si fueran un espejo, reflejándose cada uno sus fortalezas y sus debilidades.

Trabajarán juntos para derribar las barreras emocionales que puedan separarlos.

Trabajarán juntos para construir un mejor entendimiento del uno hacia el otro.

Juntos aprenderán a apoyarse el uno en el otro, pero sin hacer de ese apoyo una carga.

Juntos aprenderán a depender el uno del otro, pero sin que esa dependencia llegue a sofocarlos.

Juntos aprenderán distinguir cuando se debe de hablar y cuando sólo se debe de escuchar.

Juntos estarán allí para confortarse el uno al otro en tiempos de tristezas.

Juntos estarán allí para celebrar los momentos de felicidad.

Serán el amigo que el otro necesita, guiándose para encontrar juntos la felicidad que la vida les ofrece.

Serán compañeros para enfrentar juntos las adversidades que la vida les presente.

Cuando un hombre y una mujer están enamorados, la vida de él depende de ella, y la de ella, de la de él.

Juntos se amarán el uno al otro por el resto de sus vidas y por toda la eternidad.

8. These Hands

These are the hands of your best friend, young and strong and full of love that hold your hands as you promise to love each other today, tomorrow, and forever.

These are the hands that will work alongside yours as together you build your future.

These are the hands that will hold you and comfort you in grief and uncertainty.

These are the hands that will wipe the tears from your eyes, tears of sorrow and tears of joy.

These are the hands that will hold your family together as one.

These are the hands that will give you strength when you struggle, and encouragement to follow your dreams.

And these are the hands that even when wrinkled with age, will still be reaching for yours, still giving you the same unspoken tenderness with just a touch—a touch from these hands.

9. When, At Last, Two Souls Find Each Other

When, at last, two souls find each other, who, for so long, have searched for the other in the crowd, when they announce that they are partners who understand each other and communicate with each other, in short, they are a perfect pair, a passionate and pure union, unique to themselves, arises forever, a union that begins on earth and endures in heaven. That union is love, genuine, real love that, truthfully, very few men can understand, love that is faithful and true, that adores the beloved whose life radiates excitement and passion, and for which the greatest sacrifices are the sweetest joys.

8. Estas Manos

Estas son las manos de su pareja, jóvenes y fuertes, unidas en promesa, y llenas de amor para hoy, mañana, y siempre.

Estas son las manos que trabajarán juntos a las suyas mientras construyen su futuro juntos.

Estas son las manos que le sostendrán y le consolarán en sus dolores y sus miedos.

Estas son las manos que limpiarán sus lágrimas, ya sean de pena o alegría.

Estas son las manos que sostendrán la familia, y mantenerla unida como una sola.

Estas son las manos que le darán la fortaleza cuando luche, y el apoyo para seguir sus sueños.

Y estas son las manos que, aunque estén viejas y arrugadas por la edad, seguirán buscando las suyas, dándole la misma ternura tácita con solo un roce—un roce de estas manos.

9. Cuando Por Fin Se Encuentran Dos Almas

Cuando por fin se encuentran dos almas que durante tanto tiempo se han buscado una a otra entre el gentío, cuando advierten que son parejas, que se comprenden y corresponden, en una palabra, que son semejantes, surge entonces para siempre una unión vehemente y pura como ellas mismas, un unión que comienza en la tierra y perdura en el cielo. Esa unión es amor, amor auténtico, como en verdad muy pocos hombres pueden concebir, amor que es una religión, que deifica al ser amado cuya vida emana del fervor y de la pasión, y para el que los sacrificios más grandes son los gozos más dulces.

10. Your Wedding Day

On the day of your wedding, the most precious gift you can give is unconditional love.

Take care of that love, since it is a great treasure, and help it to grow and flourish with the same dedication by which you created your love.

What you have in your hands is something unique and beautiful.

Throughout your time together, be sincere and faithful, and listen with your heart, paying attention to what your partner feels and expresses.

Only then will you be able to understand the most intimate thoughts and desires of each one.

Share the triumphs and celebrate the victories together.

Say "I love you" often, so that the love and friendship that has grown between you never ceases to be.

Remember that it is important to maintain a sense of humor, even when you feel angry.

After all, you are best friends.

Remain united, always be there for the other, and be willing to face life together.

May peace fill your minds and souls, and may each day be your greatest blessing so that you may achieve all your goals and dreams.

10. El Día de Su Boda

En el día de su boda, el regalo más precioso que se pueden entregar es el amor incondicional.

Cuiden de ese amor, ya que es un gran tesoro, y ayúdenlo a crecer y a florecer con la misma dedicación con la cual crearon su amor.

Lo que ustedes tienen en sus manos es algo único y hermoso.

A través del tiempo, sean sinceros y fieles, y escuchen con el corazón, prestando atención a lo que su pareja siente y expresa.

Solo así podrán comprender los pensamientos y deseos más íntimos de cada cual.

Compartan los triunfos y celebren juntos las victorias.

Digan "te amo" a menudo, para que el cariño y la amistad que ha crecido entre ustedes jamás deje de ser.

Recuerden que es importante mantener el sentido del humor, aun cuando sientan enojo.

Después de todo, ustedes son mejores amigos.

Permanezcan unidos, presentes el uno para el otro, y dispuestos a enfrentar la vida juntos.

Que la paz llene sus mentes y sus almas, y que cada día sea su mayor bendición para que así puedan alcanzar sus metas y sus sueños.

Love ~ el Amor

Wedding Vows

English

*. . .to love and to cherish
till death do us part*

Wedding Vows

1. *(Groom/Bride)*: I, **Groom/Bride**, / take thee, **Bride/Groom**, / to be my wedded wife/husband, / to have and to hold / from this day forward, / for better, for worse, / for richer, for poorer, / in sickness and in health, / to love and to cherish, / till death do us part. / This is my solemn vow.

2a. *(Groom)*: **Bride**, I thank God He has given us to each other / to share one life, one love, one heart. / With God's help, / I will try to be everything He wants me to be for you, / so I may meet your needs and fulfill your dreams. / I will love you with an unconditional love / just as Christ loves us. / In love I will lead you, / protect and provide for you, / nurture and care for you, / and honor and respect you. / I promise to stay by your side / no matter what circumstances life may bring, / and I vow to be faithful and true to you alone. / May my love give you strength all the days of our lives.

2b. *(Bride)*: **Groom**, as we become husband and wife today, / I promise to love you with an unending love. / I give myself in all things to your care as unto the Lord. / As God has prepared me to be your helpmate and companion in this life, / I commit myself to stand by you whatever comes our way. / I will be with you in sickness and in health, / whether we are rich or poor, / and during times of happiness, / as well as times of sorrow. / I will honor and respect you, / encourage and support you, / and devote myself to you always. / I promise to be faithful and true to you alone. / May my love bring you joy all the days of our lives.

3. *(Groom/Bride)*: I, **Groom/Bride**, take you, **Bride/Groom**, / to be my companion in life. / I promise to walk by your side forever, / and to love, help, and encourage you / in all that you do. / I will take time to talk with you, / to listen to you, / and to care for you. / I will share your laughter and your tears / as your partner, lover, and best friend. / Everything I am and everything I have is yours / now and forevermore.

4. *(Bride/Groom)*: I, **Bride/Groom**, give myself to you, **Groom/Bride**, / on this our wedding day. / I will cherish our friendship, / and love you today, tomorrow, and forever. / I will trust you and honor you. / I will love you faithfully / through the best and the worst, / through the difficult and the easy. / Whatever comes our way, I will be there always. / As I have given you my hand to hold, / so I give you my life to keep.

5. *(Groom/Bride)*: **Bride/Groom**, I thank God for bringing you into my life. / I choose you this day / as my wife/husband, my love, and my best friend. / I commit myself to you / openly, exclusively, and eternally. / I promise you my unconditional love, / I give you my unwavering trust, / and I share with you all the days of my life.

6. *(Bride/Groom):* **Groom/Bride**, I accept you / as the one God has chosen to complete me. / I join with you now / to share all that life may bring. / I will be yours / through weakness and strength, / through sorrow and joy, / through failure and triumph. / I give my love to you and you alone / with all my heart, soul, and mind / now, forever, and always.

7. *(Groom/Bride):* **Bride/Groom**, I love you. / You have brought such joy to my life. / Thank you for loving me as I am / and taking me into your heart. / I vow to return your love in full / as we grow together as husband and wife. / Through all the changes of our lives, / I promise to be there for you always / as a strength in need, / a comfort in sorrow, / a counselor in difficulty, / and a companion in joy. / This is my promise to you.

8. *(Groom/Bride):* I love you **Bride/Groom**, and I love **Children**, [as my very own]. / Today, as we become husband and wife, / we also will become a family. / I promise to be a faithful husband/wife and loving father/mother, / and I will be there for you and for the children always. / No matter what circumstances life may bring, / with God's help, we will face them together as a family. / I commit myself to each of you / from this day forward and forevermore.

Las Promesas Matrimoniales

Español

...para amarte y cuidarte
hasta que la muerte
nos separe

Las Promesas Matrimoniales

1. *(el Novio/la Novia):* Yo, **El Novio/La Novia**, te recibo a ti, **La Novia/El Novio**, / para ser mi esposa/esposo, / para tenerte y sostenerte / de hoy en adelante, / en el bien y en el mal, / en la riqueza y en la pobreza, / en la salud y en la enfermedad, / para amarte y respetarte, / hasta que la muerte nos separe. / Esta es mi solemne promesa.

2a. *(el Novio):* **La Novia**, le doy gracias a Dios que nos ha dado el uno al otro / a compartir una vida, un amor, un solo corazón. / Con la ayuda de Dios / seré todo lo que Él quiere que sea para ti / para que pueda satisfacer tus necesidades y cumplir tus sueños. / Te amaré con un amor incondicional tal como Cristo nos ama. / En el amor, prometo guiarte / protegerte y cuidarte, / honrarte y respetarte. / Prometo mantenerme a tu lado / no importa las circunstancias que pueda traer la vida, / y me comprometo serte fiel y verdadero sólo a ti. / Que mi amor te dé fuerza / todos los días de nuestras vidas.

2b. *(la Novia):* **El Novio**, como hoy nos convertimos en marido y mujer, prometo amarte con un amor infinito. / Me entrego en todo a tu cuidado como al Señor. / Como Dios me ha preparado para ser tu ayudante y compañera en esta vida, / me comprometo a apoyarte en lo que venga en nuestro camino. / Estaré contigo en la enfermedad y en la salud, en lo adverso y en lo próspero, y en los momentos de felicidad, así como en los momentos de tristeza. / Te honraré y te respetaré, / te alentaré y te apoyaré, / y me dedicaré a ti siempre. / Prometo ser fiel y fiel a ti sólo. / Que mi amor te traiga alegría todos los días de nuestras vidas.

3. *(el Novio/la Novia):* Yo, **El Novio/La Novia**, te recibo, **La Novia/El Novio**, para ser mi compañera(o) de vida. / Yo prometo caminar a tu lado para siempre, / y amarte, ayudarte, y animarte en todo lo que hagas. / Yo tomaré el tiempo para hablar contigo, / para escucharte, / y para cuidarte. / Yo compartiré tus sonrisas y tus lágrimas / como tu pareja, amante, y mejor amigo(a). / Todo lo que soy y todo lo que tengo es tuyo / ahora y siempre.

4. *(la Novia/el Novio):* Yo, **La Novia/El Novio**, me entrego a ti, **El Novio/La Novia**, / en este día de nuestra boda. / Yo apreciaré nuestra amistad / y te amaré hoy, mañana, y siempre. / Yo confiaré en ti y te honraré. / Te amaré fielmente / en lo bueno y en lo malo, / por lo difícil y lo fácil. / Venga lo que venga, yo siempre quedaré a tu lado. / Así como te he dado mi mano para sostener, / te doy mi vida para guardar.

5. *(el Novio/la Novia):* **La Novia/El Novio**, le doy gracias a Dios / por haberte traído a mi vida. / Hoy en esta día te he elegido / como mi esposa(o), mi amor, y mi mejor amiga(o). / Te ofrezco mi vida entera / abierta, exclusiva, y sobre todo, para toda la eternidad. / Te prometo todo mi amor incondicional, / te doy toda mi confianza sin titubear / y compartiré contigo todos los días de mi vida.

6. *(la Novia/el Novio)*: **El Novio/La Novia**, yo te acepto / como la persona que Dios ha elegido / para complementarme. / Hoy me uno a ti / para compartir juntos todo lo que la vida nos ofrece. / Yo seré tuyo / en las debilidades y las fortalezas, / en las tristezas y las alegrías, / en los triunfos y los fracasos. / Yo te doy mi amor a ti y solamente a ti, / con toda mi mente, alma, y corazón, / ahora, y para siempre.

7. *(el Novio/laNovia)*: **La Novia/El Novio**, te amo. / Has traído tanta alegría a mi vida. / Gracias por amarme como soy, / y por aceptarme en tu corazón. / Yo prometo devolver tu amor por completo / a medida que crecemos juntos como marido y mujer. / En todos los cambios de nuestra vida, / prometo estar allí para siempre / como una fortaleza en las necesidades, / un(a) consuelo(a) en las tristezas, / un(a) consejero(a) en las dificultades, / y un(a) compañero(a) en las alegrías. / Esta es mi promesa.

8. *(el Novio/laNovia)*: Te amo **La Novia/El Novio**, y de igual manera amo **Hijos** [como los míos]. / Hoy que nos convertimos en marido y mujer, / también nos convertiremos en una sola familia. / Prometo ser un esposo/una esposa fiel y un padre/una madre amoroso(a), / y siempre estaré allí para ti y para nuestros hijos. / No importa qué circunstancias pueda traer la vida, / con la ayuda de Dios, / las enfrentaremos juntos como una familia. / Me comprometo con cada uno de ustedes / desde este día en adelante y para siempre.

Bilingual Wedding Vows

English—Spanish

◆

Las Promesas Matrimoniales Bilingües

Inglés—Español

*...to love and to cherish
till death do us part*

*...para amarte y cuidarte
hasta que la muerte
nos separe*

WEDDING VOWS

1. *(Groom/Bride)*: I, **Groom/Bride**, / take thee, **Bride/Groom**, / to be my wedded wife/ husband, / to have and to hold / from this day forward, / for better, for worse, / for richer, for poorer, / in sickness and in health, / to love and to cherish, / till death do us part. / This is my solemn vow.

2a. *(Groom)*: **Bride**, I thank God He has given us to each other / to share one life, one love, one heart. / With God's help, I will try to be everything He wants me to be for you, / so I may meet your needs and fulfill your dreams. / I will love you with an unconditional love just as Christ loves us. / In love I will lead you, / protect and provide for you, / nurture and care for you, / and honor and respect you. / I promise to stay by your side / no matter what circumstances life may bring, / and I vow to be faithful and true to you alone. / May my love give you strength all the days of our lives.

2b. *(Bride)*: **Groom**, as we become husband and wife today, / I promise to love you with an unending love. / I give myself in all things to your care as unto the Lord. / As God has prepared me to be your helpmate and companion in this life, / I commit myself to stand by you whatever comes our way. / I will be with you in sickness and in health, / whether we are rich or poor, / and during times of happiness, / as well as times of sorrow. / I will honor and respect you, / encourage and support you, / and devote myself to you always. / I promise to be faithful and true to you alone. / May my love bring you joy all the days of our lives.

3. *(Groom/Bride)*: I, **Groom/Bride**, take you, **Bride/Groom**, / to be my companion in life. / I promise to walk by your side forever, / and to love, help, and encourage you / in all that you do. / I will take time to talk with you, / to listen to you, / and to care for you. / I will share your laughter and your tears / as your partner, lover, and best friend. / Everything I am and everything I have is yours / now and forevermore.

LAS PROMESAS MATRIMONIALES

1. *(el Novio/la Novia)*: Yo, **El Novio/La Novia**, te recibo a ti, **La Novia/El Novio**, / para ser mi esposa/esposo, / para tenerte y sostenerte / de hoy en adelante, / en el bien y en el mal, / en la riqueza y en la pobreza, / en la salud y en la enfermedad, / para amarte y respetarte, / hasta que la muerte nos separe. / Esta es mi solemne promesa.

2a. *(el Novio)*: **La Novia**, le doy gracias a Dios que nos ha dado el uno al otro / a compartir una vida, un amor, un solo corazón. / Con la ayuda de Dios / seré todo lo que Él quiere que sea para ti / para que pueda satisfacer tus necesidades y cumplir tus sueños. / Te amaré con un amor incondicional tal como Cristo nos ama. / En el amor, prometo guiarte / protegerte y cuidarte, / honrarte y respetarte. / Prometo mantenerme a tu lado / no importa las circunstancias que pueda traer la vida, / y me comprometo serte fiel y verdadero sólo a ti. / Que mi amor te dé fuerza / todos los días de nuestras vidas.

2b. *(la Novia)*: **El Novio**, como hoy nos convertimos en marido y mujer, prometo amarte con un amor infinito. / Me entrego en todo a tu cuidado como al Señor. / Como Dios me ha preparado para ser tu ayudante y compañera en esta vida, / me comprometo a apoyarte en lo que venga en nuestro camino. Estaré contigo en la enfermedad y en la salud, en lo adverso y en lo próspero, y en los momentos de felicidad, así como en los momentos de tristeza. / Te honraré y te respetaré, / te alentaré y te apoyaré, / y me dedicaré a ti siempre. / Prometo ser fiel y fiel a ti sólo. / Que mi amor te traiga alegría todos los días de nuestras vidas.

3. *(el Novio/la Novia)*: Yo, **El Novio/La Novia**, te recibo, **La Novia/El Novio**, para ser mi compañera(o) de vida. / Yo prometo caminar a tu lado para siempre, / y amarte, ayudarte, y animarte en todo lo que hagas. / Yo tomaré el tiempo para hablar contigo, / para escucharte, / y para cuidarte. / Yo compartiré tus sonrisas y tus lágrimas / como tu pareja, amante, y mejor amigo(a). / Todo lo que soy y todo lo que tengo es tuyo / ahora y siempre.

4. (Bride/Groom): I, **Bride/Groom**, give myself to you, **Groom/Bride**, / on this our wedding day. / I will cherish our friendship, / and love you today, tomorrow, and forever. / I will trust you and honor you. / I will love you faithfully / through the best and the worst, / through the difficult and the easy. / Whatever comes our way, I will be there always. / As I have given you my hand to hold, / so I give you my life to keep.

5. (Groom/Bride): **Bride/Groom**, I thank God for bringing you into my life. / I choose you this day / as my wife/husband, my love, and my best friend. / I commit myself to you / openly, exclusively, and eternally. / I promise you my unconditional love, / I give you my unwavering trust, / and I share with you all the days of my life.

6. (Bride/Groom): **Groom/Bride**, I accept you / as the one God has chosen to complete me. / I join with you now / to share all that life may bring. / I will be yours / through weakness and strength, / through sorrow and joy, / through failure and triumph. / I give my love to you and you alone / with all my heart, soul, and mind / now, forever, and always.

7. (Groom/Bride): **Bride/Groom**, I love you. You have brought such joy to my life. Thank you for loving me as I am and taking me into your heart. I vow to return your love in full as we grow together as husband and wife. Through all the changes of our lives, I promise to be there for you always as a strength in need, a comfort in sorrow, a counselor in difficulty, and a companion in joy. This is my promise to you.

8. (Groom/Bride): I love you **Bride/Groom**, and I love **Children**, [as my very own]. Today, as we become husband and wife, we also will become a family. I promise to be a faithful husband/wife and loving father/mother, and I will be there for you and for the children always. No matter what circumstances life may bring, with God's help, we will face them together as a family. I commit myself to each of you from this day forward and forevermore.

---

4. (la Novia/elNovio): Yo, **La Novia/El Novio**, me entrego a ti, **El Novio/La Novia**, / en este día de nuestra boda. / Yo apreciaré nuestra amistad / y te amaré hoy, mañana, y siempre. / Yo confiaré en ti y te honraré. / Te amaré fielmente / en lo bueno y en lo malo, / por lo difícil y lo fácil. / Venga lo que venga, yo siempre quedaré a tu lado. / Así como te he dado mi mano para sostener, / te doy mi vida para guardar.

5. (el Novio/la Novia): **La Novia/El Novio**, le doy gracias a Dios / por haberte traído a mi vida. / Hoy en esta día te he elegido / como mi esposa(o), mi amor, y mi mejor amiga(o). / Te ofrezco mi vida entera / abierta, exclusiva, y sobre todo, para toda la eternidad. / Te prometo todo mi amor incondicional, / te doy toda mi confianza sin titubear / y compartiré contigo todos los días de mi vida.

6. (la Novia/elNovio): **El Novio/La Novia**, yo te acepto / como la persona que Dios ha elegido / para complementarme. / Hoy me uno a ti / para compartir juntos todo lo que la vida nos ofrece. / Yo seré tuyo / en las debilidades y las fortalezas, / en las tristezas y las alegrías, / en los triunfos y los fracasos. / Yo te doy mi amor a ti y solamente a ti, / con toda mi mente, alma, y corazón, / ahora, y para siempre.

7. (el Novio/laNovia): **La Novia/El Novio**, te amo. Has traído tanta alegría a mi vida. Gracias por amarme como soy, y por aceptarme en tu corazón. Yo prometo devolver tu amor por completo a medida que crecemos juntos como marido y mujer. En todos los cambios de nuestra vida, prometo estar allí para siempre como una fortaleza en las necesidades, un(a) consuelo(a) en las tristezas, un(a) consejero(a) en las dificultades, y un(a) compañero(a) en las alegrías. Esta es mi promesa.

8. (el Novio/laNovia): Te amo **La Novia/El Novio**, y de igual manera amo **Hijos** [como los míos]. Hoy que nos convertimos en marido y mujer, también nos convertiremos en una sola familia. Prometo ser un esposo/una esposa fiel y un padre/una madre amoroso(a), y siempre estaré allí para ti y para nuestros hijos. No importa qué circunstancias pueda traer la vida, con la ayuda de Dios, las enfrentaremos juntos como una familia. Me comprometo con cada uno de ustedes desde este día en adelante y para siempre.

NOTE: Some vows are better read than repeated.

NOTA: Unos votos son mejores leídos que repetidos.

Explanation of the Rings
English

The wedding ring is a
symbol of the promise

EXPLANATION OF THE RINGS

1. The wedding ring serves as a symbol of the promises you have just spoken. It is the outward and visible sign of an inward and invisible love that binds your hearts together.

2. You are about to give to each other a ring. The wedding ring is a symbol of many things. It is made of precious metals that symbolize a love that is pure and enduring. It is made of rare gems that symbolize a love that is priceless and irreplaceable. It is made in a perfect circle that symbolizes a love that is permanent and everlasting. Whenever you look at your rings, may they always remind you of the promises you have made this day to keep your love pure, priceless, and permanent.

3. The wedding ring is the outward and visible sign of an inward and invisible bond which unites two loyal hearts in endless love. The ring is a circle that has no end, and symbolizes the never-ending love that exists between you. The precious metal, of which the ring is composed, is a symbol of the riches that reside in each of you. These rings also are made of rare gems, gems that radiate a brilliance and a quality that set them apart from other ordinary stones. May these rings always reflect the light of your love throughout your life together.

4. The wedding ring is the outward and visible sign of an inward and spiritual bond that unites two loyal hearts in endless love. May these rings always remind you that it was love that brought you together, and it is love that will keep you together through all the seasons of your lives.

5. The wedding ring is a symbol of the unbroken circle of love, for love freely given has no beginning and no end. Once these rings are given and received, they seal the covenant you have made with one another. They say to the world, "I am my beloved's and my beloved is mine." May these rings always be a loving reminder of the ties that bind you together forever as husband and wife.

6. These rings mark a new beginning in your journey together. as husband and wife. In giving and receiving these rings, you acknowledge that your lives are now joined in one unbroken circle. Let your wedding rings remind you that wherever you go in your journey, you always will return to the life you share together, the place you call "home."

Love ~ el Amor

La Explicación de los Anillos

Español

*El anillo es un símbolo
de la promesa*

La Explicación de Los Anillos

1. El anillo matrimonial sirve como un símbolo de las promesas que hoy se acaban de hacer. Es la señal exterior y visible del amor interno e invisible que une sus corazones.

2. Ustedes están a punto de darse un anillo el uno al otro. El anillo matrimonial es un símbolo de muchas cosas. Está hecho de metales preciosos que simbolizan un amor puro y duradero. Está hecho de joyas raras que simbolizan un amor que es invaluable e insustituible. Está hecho en un círculo perfecto que simboliza un amor que es permanente y eterno. Cada vez que miren sus anillos, que siempre les recuerden las promesas que han hecho este día a mantener su amor puro, invaluable y permanente.

3. El anillo matrimonial es un signo externo y visible de un vínculo interno e invisible, que une a dos corazones leales en un amor eterno. El anillo es un círculo que no tiene fin, y simboliza el amor infinito que existe entre ustedes. La substancia de metal del cual está compuesto el anillo, es un símbolo de la riqueza que vive en cada uno de ustedes. Estos anillos están hechos también con gemas preciosas, gemas que irradian una calidad y un brillo que las separa de otras piedras ordinarias. Que estos anillos siempre reflejen la luz de su amor por toda su vida junta.

4. El anillo matrimonial es el signo externo y visible de un vínculo interno y espiritual que une a dos corazones leales en un amor infinito. Que estos anillos siempre les recuerden que fue el amor lo que los unió, y es el amor lo que los mantendrá unido a través de todas las estaciones de su vida.

5. El anillo matrimonial es un símbolo del interminable círculo de amor, porque el amor dado libremente no tiene principio ni fin. Una vez que se dan y se reciben estos anillos, sellan el pacto que han hecho uno con el otro. Le dicen al mundo: "Yo soy de mi amada y mi amada es mía." Que estos anillos siempre sean un recordatorio amoroso de los lazos que los unen para siempre como marido y mujer.

6. Estos anillos marcan el comienzo de su viaje juntos como marido y mujer. Al dar y recibir estos anillos, ustedes reconocen que sus vidas ahora están unidas en un círculo interminable. Deja que sus anillos les recuerden que dondequiera que vayan en su viaje, siempre regresarán a la vida que comparten, el lugar al que llaman "hogar."

Love ~ el Amor

Bilingual
Explanation of the Rings

English—Spanish

❧

La Explicación de los Anillos
Bilingüe

Inglés—Español

The wedding ring
is a symbol of the promise

El anillo es un símbolo
de la promesa

EXPLANATION OF THE RINGS

1. The wedding ring serves as a symbol of the promises you have just spoken. It is the outward and visible sign of an inward and invisible love that binds your hearts together.

2. You are about to give to each other a ring. The wedding ring is a symbol of many things. It is made of precious metals that symbolize a love that is pure and enduring. It is made of rare gems that symbolize a love that is priceless and irreplaceable. It is made in a perfect circle that symbolizes a love that is permanent and everlasting. Whenever you look at your rings, may they always remind you of the promises you have made this day to keep your love pure, priceless, and permanent.

3. The wedding ring is the outward and visible sign of an inward and invisible bond which unites two loyal hearts in endless love. The ring is a circle that has no end, and symbolizes the never-ending love that exists between you. The precious metal, of which the ring is composed, is a symbol of the riches that reside in each of you. These rings also are made of rare gems, gems that radiate a brilliance and a quality that set them apart from other ordinary stones. May these rings always reflect the light of your love throughout your life together.

4. The wedding ring is the outward and visible sign of an inward and spiritual bond that unites two loyal hearts in endless love. May these rings always remind you that it was love that brought you together, and it is love that will keep you together through all the seasons of your lives.

LA EXPLICACIÓN DE LOS ANILLOS

1. El anillo matrimonial sirve como un símbolo de las promesas que hoy se acaban de hacer. Es la señal exterior y visible del amor interno e invisible que une sus corazones.

2. Ustedes están a punto de darse un anillo el uno al otro. El anillo matrimonial es un símbolo de muchas cosas. Está hecho de metales preciosos que simbolizan un amor puro y duradero. Está hecho de joyas raras que simbolizan un amor que es invaluable e insustituible. Está hecho en un círculo perfecto que simboliza un amor que es permanente y eterno. Cada vez que miren sus anillos, que siempre les recuerden las promesas que han hecho este día a mantener su amor puro, invaluable y permanente.

3. El anillo matrimonial es un signo externo y visible de un vínculo interno e invisible, que une a dos corazones leales en un amor eterno. El anillo es un círculo que no tiene fin, y simboliza el amor infinito que existe entre ustedes. La substancia de metal del cual está compuesto el anillo, es un símbolo de la riqueza que vive en cada uno de ustedes. Estos anillos están hechos también con gemas preciosas que irradian una calidad y un brillo que las separa de otras piedras ordinarias. Que estos anillos siempre reflejen la luz de su amor por toda su vida junta.

4. El anillo matrimonial es el signo externo y visible de un vínculo interno y espiritual que une a dos corazones leales en un amor infinito. Que estos anillos siempre les recuerden que fue el amor lo que los unió, y es el amor lo que los mantendrá unido a través de todas las estaciones de su vida.

5. The wedding ring is a symbol of the unbroken circle of love, for love freely given has no beginning and no end. Once these rings are given and received, they seal the covenant you have made with one another. They say to the world, "I am my beloved's and my beloved is mine." May these rings always be a loving reminder of the ties that bind you together forever as husband and wife.

6. These rings mark a new beginning in your journey together as husband and wife. In giving and receiving these rings, you acknowledge that your lives are now joined in one unbroken circle. Let your wedding rings remind you that wherever you go in your journey, you always will return to the life you share together, the place you call "home."

5. El anillo matrimonial es un símbolo del interminable círculo de amor, porque el amor dado libremente no tiene principio ni fin. Una vez que se dan y se reciben estos anillos, sellan el pacto que han hecho uno con el otro. Le dicen al mundo: "Yo soy de mi amada y mi amada es mía." Que estos anillos siempre sean un recordatorio amoroso de los lazos que los unen para siempre como marido y mujer.

6. Estos anillos marcan el comienzo de su viaje juntos como marido y mujer. Al dar y recibir estos anillos, ustedes reconocen que sus vidas ahora están unidas en un círculo interminable. Deja que sus anillos les recuerden que dondequiera que vayan en su viaje, siempre regresarán a la vida que comparten, el lugar al que llaman "hogar."

Ring Exchange Vows

English

With this ring,
I thee wed

Ring Exchange Vows

1. *(Groom/Bride):* With this ring, I thee wed. / And from this day forward, / I consecrate and commit / my love and my life / to you alone.

2. *(Groom/Bride):* I give you this ring. / Wear it with love and joy. / As this ring has no end, / neither shall my love for you. / I choose you to be my wife / this day and forevermore.

3. *(Groom/Bride):* This ring I give you / in token of my love and devotion, / and with my heart, / I pledge to you all that I am. / With this ring, I marry you / and join my life to yours.

4. *(Groom/Bride):* **Bride/Groom,** I give you this ring / as a sign of my commitment / and the desire of my heart. / May it always be a reminder / that I have chosen you above all others, / and from this day forward, / we shall be united as husband and wife.

5. *(Groom/Bride):* **Bride/Groom,** as I place this ring on your finger, / may it always remind you of my never-ending love, / and may it always remind me / of the precious treasure I have in you. / Wear this ring with joy, / for your love has made me complete.

6. *(Groom/Bride):* **Bride/Groom,** I give you this ring / as a symbol of my love and faithfulness, / and as I place it on your finger, / I commit my very heart and soul to you. / I ask you to wear this ring / as a reminder of the vows we have spoken / on this, our wedding day.

7. *(Groom/Bride):* **Bride/Groom,** I give you this ring / as a sign to all that I choose you / to be my wife/husband, / my partner, and my best friend / for all the days of my life.

8. *(Groom/Bride):* **Bride/Groom,** this ring symbolizes the bond of love we share, / two hearts, two lives, one love. / Wear this ring so the world may know / that I am yours and you are mine.

Love~el Amor

El Intercambio de los Anillos

Español

Con este anillo,
me caso contigo

EL INTERCAMBIO DE LOS ANILLOS

1. *(el Novio/la Novia):* Con este anillo, me caso contigo. / Y de hoy en adelante, / consagro y comprometo / mi amor y mi vida / solamente a ti.

2. *(el Novio/la Novia):* Te entrego este anillo. / Llévalo con amor y felicidad. / Como este anillo no tiene fin, / tampoco mi amor por ti. / Te elijo como mi esposa(o) / para hoy y para siempre.

3. *(el Novio/la Novia):* Te entrego este anillo, / como prueba de mi amor y devoción / y con mi corazón, / te ofrezco todo lo que soy. / Con este anillo, me caso contigo / y junto mi vida a la tuya.

4. *(el Novio/la Novia):* **La Novia/El Novio**, te ofrezco este anillo / como signo de mi devoción / y entrega total de mi corazón. / Que siempre sea un recuerdo de que ante todas/todos, / te he elegido a ti como mi compañera(o), / y de hoy en adelante / estaremos unidos como marido y mujer.

5. *(el Novio/la Novia):* **La Novia/El Novio**, mientras coloco este anillo en tu dedo, / que siempre te recuerde a mi amor interminable, / y que siempre me recuerde / el precioso tesoro que tengo en ti. / Lleva este anillo con alegría, / porque tu amor me ha completado.

6. *(el Novio/la Novia):* **La Novia/El Novio**, te ofrezco este anillo / como símbolo de mi amor y fidelidad, / y mientras lo coloco en tu dedo, / me comprometo de corazón y alma a ti. / Te pido que uses este anillo / como símbolo de las promesas que hoy hemos tomado / en este día de nuestra boda.

7. *(el Novio/la Novia):* **La Novia/El Novio**, te doy este anillo / como una señal para todo lo que te elijo / para ser mi esposa(o), / mi compañera(o), y mi mejor amiga(o) / por todos los días de mi vida.

8. *(el Novio/la Novia):* **La Novia/El Novio**, este anillo simboliza el vínculo de amor que compartimos, / dos corazones, dos vidas, un amor. / Usa este anillo para que el mundo sepa / que yo soy tuyo y tú eres mío.

Love~el Amor

Bilingual
Ring Exchange Vows

English—Spanish

❧

El Intercambio de los Anillos
Bilingüe

Inglés—Español

With this ring,
I thee wed

Con este anillo,
me caso contigo

RING EXCHANGE VOWS

1. *(Groom/Bride):* With this ring, I thee wed. / And from this day forward, / I consecrate and commit / my love and my life / to you alone.

2. *(Groom/Bride):* I give you this ring. / Wear it with love and joy. / As this ring has no end, / neither shall my love for you. / I choose you to be my wife / this day and forevermore.

3. *(Groom/Bride):* This ring I give you / in token of my love and devotion, / and with my heart, / I pledge to you all that I am. / With this ring, I marry you / and join my life to yours.

4. *(Groom/Bride):* **Bride/Groom**, I give you this ring / as a sign of my commitment / and the desire of my heart. / May it always be a reminder / that I have chosen you above all others, / and from this day forward, / we shall be united as husband and wife.

5. *(Groom/Bride):* **Bride/Groom**, as I place this ring on your finger, / may it always remind you of my never-ending love, / and may it always remind me / of the precious treasure I have in you. / Wear this ring with joy, / for your love has made me complete.

6. *(Groom/Bride):* **Bride/Groom**, I give you this ring / as a symbol of my love and faithfulness, / and as I place it on your finger, / I commit my very heart and soul to you. / I ask you to wear this ring / as a reminder of the vows we have spoken / on this, our wedding day.

7. *(Groom/Bride):* **Bride/Groom**, I give you this ring / as a sign to all that I choose you / to be my wife/husband, / my partner, and my best friend / for all the days of my life.

8. *(Groom/Bride):* **Bride/Groom**, this ring symbolizes the bond of love we share, / two hearts, two lives, one love. / Wear this ring so the world may know / that I am yours and you are mine.

EL INTERCAMBIO DE LOS ANILLOS

1. *(el Novio/la Novia):* Con este anillo, me caso contigo. / Y de hoy en adelante, / consagro y comprometo / mi amor y mi vida / solamente a ti.

2. *(el Novio/la Novia):* Te entrego este anillo. / Llévalo con amor y felicidad. / Como este anillo no tiene fin, tampoco mi amor por ti. / Te elijo como mi esposa(o) / para hoy y para siempre.

3. *(el Novio/la Novia):* Te entrego este anillo, / como prueba de mi amor y devoción / y con mi corazón, / te ofrezco todo lo que soy. / Con este anillo, me caso contigo / y junto mi vida a la tuya.

4. *(el Novio/la Novia):* **La Novia/El Novio**, te ofrezco este anillo / como signo de mi devoción / y entrega total de mi corazón. / Que siempre sea un recuerdo de que ante todas/todos, / te he elegido a ti como mi compañera(o), / y de hoy en adelante / estaremos unidos como marido y mujer.

5. *(el Novio/la Novia):* **La Novia/El Novio**, mientras coloco este anillo en tu dedo, / que siempre te recuerde a mi amor interminable, / y que siempre me recuerde / el precioso tesoro que tengo en ti. / Lleva este anillo con alegría, / porque tu amor me ha completado.

6. *(el Novio/la Novia):* **La Novia/El Novio**, te ofrezco este anillo / como símbolo de mi amor y fidelidad, / y mientras lo coloco en tu dedo, / me comprometo de corazón y alma a ti. / Te pido que uses este anillo / como símbolo de las promesas que hoy hemos tomado / en este día de nuestra boda.

7. *(el Novio/la Novia):* **La Novia/El Novio**, te doy este anillo / como una señal a todos lo que te elijo / para ser mi esposa(o), / mi compañera(o), y mi mejor amiga(o) / por todos los días de mi vida.

8. *(el Novio/la Novia):* **La Novia/El Novio**, este anillo simboliza el vínculo de amor que compartimos, / dos corazones, dos vidas, un amor. / Usa este anillo para que el mundo sepa / que yo soy tuyo y tú eres mío.

Love ~ el Amor

Prayers and Blessings

English

Our Father,
who art in heaven

PRAYERS AND BLESSINGS

1. Our Father, who art in heaven, hallowed be Thy name. Thy kingdom come, Thy will be done on earth as it is in heaven. Give us this day our daily bread; and forgive us our debts [trespasses] as we forgive our debtors [those who trespass against us]; and lead us not into temptation, but deliver us from evil. For Thine is the kingdom and the power and the glory forever and ever. Amen. *~The Lord's Prayer*

2. Now you will feel no rain, for each of you will be a shelter for the other.
Now you will feel no cold, for each of you will be warmth to the other.
Now there will be no loneliness, for each of you will be a companion to the other.
Now you are two persons, but there is only one life before you.
Go now to your dwelling place to enter the days of your togetherness.
May beauty surround you both in the journey ahead and through all the years.
May happiness be your companion,
    and may your days together be good and long upon the earth. *~Apache Blessing*

3. Our Heavenly Father, we ask your blessing upon these two lives and the home they are establishing today. May the love they have for each other grow deeper and stronger because of their love for you. Lord, you guided them to each other, now guide them in this new journey as husband and wife. As they walk down this path, light their way so they may keep their eyes clearly focused on your will, their hands holding fast to your truth, their feet firmly planted in your Word, and their hearts bound together by your love. This we pray in the name of the Father, the Son, and the Holy Spirit. Amen.

4. Dear Lord, we pray that you will bless this man, **Groom**, and this woman, **Bride**, as they begin their new journey together. In all the experiences of life, may they always stay close to you and to each other as they share the joys and blessings, as well as the trials and heartaches. Help them to honor and keep the promises made here today. Remind them daily of your great love for them so they, in turn, may reach out in love to others. Give them such love and devotion that each may be to the other a strength in need, a comfort in sorrow, a counselor in difficulty, and a companion in joy. Amen.

5. May your marriage always bring glory to God, joy to one another, and blessings to your family
    for many generations to come.
May love and laughter fill your hearts and your home throughout all the days of your lives.
May you face every challenge hand-in-hand and side-by-side, knowing that, with God's grace,
    you will conquer all obstacles together.
May the world be forever a better place because the two of you fell in love. Amen.

6. May God bless your marriage and family as you create a new home together.
A family is a circle of strength and love.
With every birth and every union, the circle grows.
May every joy shared add love to the circle,
    and may every crisis faced together make the circle even stronger.
May your family become like a beautiful rainbow as each color of your lives
    is carefully blended together with both the showers and the sunshine of God's love. Amen.

Love ~ el Amor

Las Oraciones

y

Las Bendiciones

Español

Nuestro Padre,
que estás en los cielos . . .

Las Oraciones y Las Bendiciones

1. Padre nuestro que estás en los cielos, santificado sea tu nombre. Venga tu reino. Hágase tu voluntad, como en el cielo, así también en la tierra. El pan nuestro de cada día, dánoslo hoy. Y perdónanos nuestras deudas, como también nosotros perdonamos nuestros deudores. Y no nos metas en tentación, más líbranos del mal; porque tuyo es el reino, y el poder, y la gloria, por todos los siglos. Amén.

~La Oración del Señor

2. Ahora ustedes no sentirán la lluvia porque serán el refugio para el otro.
Ahora no sentirán el frio porque serán el calor para el otro.
Ahora no habrá más soledad porque siempre serán la compañía para el otro.
Ahora ustedes son dos personas, pero con una sola vida ante ustedes.
Ahora vayan a su hogar y entren a sus días juntos para siempre.
Que la belleza los rodee a ambos en la jornada delante y a través de los años.
Que la felicidad sea su compañera, y que sus días juntos en esta tierra sean buenos y largos.

~La Bendición de los Apaches

3. Padre nuestro, te pedimos tu bendición sobre estas dos vidas y el hogar que hoy inician juntos. Que el amor que se tienen el uno al otro crezca más grande y más fuerte gracias al amor que sienten hacia ti. Señor, tú los guiaste el uno al otro, ahora guíalos en esta nueva jornada como esposos. A medida que pasen por este camino, ilumina su sendero para que puedan mantener sus ojos enfocados hacia ti y tu voluntad, sus manos agarradas a tu verdad, sus pies plantados firmemente an tu palabra, y sus corazones unidos por tu amor. Oramos en el nombre del Padre, del Hijo, y del Espíritu Santo. Amén.

4. Señor, te pedimos que bendigas a este hombre, **El Novio**, y a esta mujer, **La Novia**, mientras comienzan su nuevo viaje juntos. En todas las experiencias de la vida, que siempre permanezcan cerca de ti y entre sí mientras comparten las alegrías y bendiciones, así como las pruebas y las angustias. Ayúdalos a honrar y cumplir las promesas hechas hoy aquí. Recuérdeles diariamente su gran amor por ellos para que, a su vez, puedan llegar a amar a los demás. Dales tanto amor y devoción que cada uno pueda ser para el otro una fuerza en necesidad, un consuelo en el dolor, un consejero en dificultad y un compañero en la alegría. Amén.

5. Que su matrimonio siempre traiga gloria a Dios, gozo los unos a los otros, y bendiciones
  para su familia durante muchas generaciones.
Que el amor y la risa llenen sus corazones y su hogar a lo largo de todos los días de sus vidas.
Que puedas enfrentar cada desafío mano a mano y lado a lado, sabiendo que, con la gracia de Dios,
  superarás todos los obstáculos juntos.
Que el mundo sea siempre un lugar mejor porque ustedes dos se enamoraron. Amén.

6. Que Dios bendiga su matrimonio y su familia ahora que empiezan a crear un hogar juntos.
La familia es un círculo de fuerza y amor.
Con cada nacimiento y cada unión, el círculo crece.
Que cada alegría compartida agregue amor al círculo,
  y que cada crisis enfrentada haga que el círculo sea aún más fuerte.
Que su familia se convierta en un hermoso arco iris, ya que cada color de sus vidas
  se mezcla cuidadosamente con las duchas de lluvia y la luz del sol del amor de Dios. Amén.

Love ~ el Amor

Bilingual Prayers and Blessings

English—Spanish

Las Oraciones y Las Bendiciones Bilingües

Inglés—Español

Our Father,
who art in heaven . . .

Padre nuestro
que estás en los cielos . . .

PRAYERS AND BLESSINGS

1. Our Father, who art in heaven, hallowed be Thy name. Thy kingdom come, Thy will be done on earth as it is in heaven. Give us this day our daily bread; and forgive us our debts [trespasses] as we forgive our debtors [those who trespass against us]; and lead us not into temptation, but deliver us from evil. For Thine is the kingdom and the power and the glory forever and ever. Amen. ~*The Lord's Prayer*

2. Now you will feel no rain,
    for each of you will be a shelter for the other.
Now you will feel no cold,
    for each of you will be warmth to the other.
Now there will be no loneliness,
    for each of you will be a companion to the other.
Now you are two persons,
    but there is only one life before you.
Go now to your dwelling place
    to enter the days of your togetherness.
May beauty surround you both
    in the journey ahead and through all the years.
May happiness be your companion,
    and may your days together be good and long
    upon the earth. ~*Apache Blessing*

3. Our Heavenly Father, we ask your blessing upon these two lives and the home they are establishing today. May the love they have for each other grow deeper and stronger because of their love for you. Lord, you guided them to each other, now guide them in this new journey as husband and wife. As they walk down this path, light their way so they may keep their eyes clearly focused on your will, their hands holding fast to your truth, their feet firmly planted in your Word, and their hearts bound together by your love. This we pray in the name of the Father, the Son, and the Holy Spirit. Amen.

LAS ORACIONES / BENDICIONES

1. Padre nuestro que estás en los cielos, santificado sea tu nombre. Venga tu reino. Hágase tu voluntad, como en el cielo, así también en la tierra. El pan nuestro de cada día, dánoslo hoy. Y perdónanos nuestras deudas, como también nosotros perdonamos nuestros deudores. Y no nos metas en tentación, más líbranos del mal; porque tuyo es el reino, y el poder, y la gloria, por todos los siglos. Amén. ~*La Oración del Señor*

2. Ahora ustedes no sentirán la lluvia
    porque serán el refugio para el otro.
Ahora no sentirán el frio
    porque serán el calor para el otro.
Ahora no habrá más soledad
    porque siempre serán la compañía para el otro.
Ahora ustedes son dos personas,
    pero con una sola vida ante ustedes.
Ahora vayan a su hogar
    y entren a sus días juntos para siempre.
Que la belleza los rodee a ambos
    en la jornada delante y a través de los años.
Que la felicidad sea su compañera,
    y que sus días juntos en esta tierra sean
    buenos y largos. ~*La Bendición de los Apaches*

3. Padre nuestro, te pedimos tu bendición sobre estas dos vidas y el hogar que hoy inician juntos. Que el amor que se tienen el uno al otro crezca más grande y más fuerte gracias al amor que sienten hacia ti. Señor, tú los guiaste el uno al otro, ahora guíalos en esta nueva jornada como esposos. A medida que pasen por este camino, ilumina su sendero para que puedan mantener sus ojos enfocados hacia ti y tu voluntad, sus manos agarradas a tu verdad, sus pies plantados firmemente an tu palabra, y sus corazones unidos por tu amor. Oramos en el nombre del Padre, del Hijo, y del Espíritu Santo. Amén.

4. Dear Lord, we pray that you will bless this man, **Groom**, and this woman, **Bride**, as they begin their new journey together. In all the experiences of life, may they always stay close to you and to each other as they share the joys and blessings, as well as the trials and heartaches. Help them to honor and keep the promises made here today. Remind them daily of your great love for them so they, in turn, may reach out in love to others. Give them such love and devotion that each may be to the other a strength in need, a comfort in sorrow, a counselor in difficulty, and a companion in joy. Amen.

5. May your marriage always bring glory to God, joy to one another, and blessings to your family for many generations to come.
May love and laughter fill your hearts and your home throughout all the days of your lives.
May you face every challenge hand-in-hand and side-by-side, knowing that, with God's grace, you will conquer all obstacles together.
May the world be forever a better place because the two of you fell in love. Amen.

6. May God bless your marriage and family as you create a new home together.
A family is a circle of strength and love.
With every birth and every union, the circle grows.
May every joy shared add love to the circle, and may every crisis faced together make the circle even stronger.
May your family become like a beautiful rainbow as each color of your lives is carefully blended together with both the showers and the sunshine of God's love. Amen.

4. Señor, te pedimos que bendigas a este hombre, **El Novio**, y a esta mujer, **La Novia**, mientras comienzan su nuevo viaje juntos. En todas las experiencias de la vida, que siempre permanezcan cerca de ti y entre sí mientras comparten las alegrías y bendiciones, así como las pruebas y las angustias. Ayúdalos a honrar y cumplir las promesas hechas hoy aquí. Recuérdeles diariamente su gran amor por ellos para que, a su vez, puedan llegar a amar a los demás. Dales tanto amor y devoción que cada uno pueda ser para el otro una fuerza en necesidad, un consuelo en el dolor, un consejero en dificultad y un compañero en la alegría. Amén.

5. Que su matrimonio siempre traiga gloria a Dios, gozo los unos a los otros, y bendiciones para su familia durante muchas generaciones.
Que el amor y la risa llenen sus corazones y su hogar a lo largo de todos los días de sus vidas.
Que puedas enfrentar cada desafío mano a mano y lado a lado, sabiendo que, con la gracia de Dios, superarás todos los obstáculos juntos.
Que el mundo sea siempre un lugar mejor porque ustedes dos se enamoraron. Amén.

6. Que Dios bendiga su matrimonio y su familia ahora que empiezan a crear un hogar juntos.
La familia es un círculo de fuerza y amor.
Con cada nacimiento y cada unión, el círculo crece.
Que cada alegría compartida agregue amor al círculo, y que cada crisis enfrentada haga que el círculo sea aún más fuerte.
Que su familia se convierta en un hermoso arco iris, ya que cada color de sus vidas se mezcla cuidadosamente con las duchas de lluvia y la luz del sol del amor de Dios. Amén.

Traditions

Unity Candle

English

Unity Candle ~

A symbol of two
becoming one

UNITY CANDLE

1. The Unity Candle is a symbol of the union that exists between a man and a woman who enter the holy estate of matrimony. They are no longer two, but one. The Bible says, *"For this reason a man shall leave his father and mother and be joined to his wife, and the two shall become one flesh." (Matthew 19:5)* In a marriage relationship, a man and a woman leave one home to establish another. These two candles represent the individual homes in which **Groom** and **Bride** grew up. The center candle represents the new home they are establishing today, with Christ as the heart of that home. As **Groom** and **Bride** join together in lighting this Unity Candle, may we all reflect on the union made here this day between God, this woman, and this man.

2. Lighting the Unity Candle is a symbol of the union created by a man and a woman who enter into marriage. They are no longer two, but one. The Bible says, *"For this reason a man shall leave his father and mother and be joined to his wife, and the two shall become one flesh." (Matthew 19:5)* Today, we see two people uniting themselves as one—as one in the flesh and as one in the spirit. These candles symbolize that union. The two outer candles represent the individual lives of **Groom** and **Bride** and the families from which they came. The lighting of this Unity Candle not only symbolizes the coming together of these two individuals, but the joining together of their families, as well. May you all recognize your continuing importance in each other's lives by sharing with each other the light of your love.

3. When the flames of two individual candles join together, a single brighter light is created from that union. May the brightness of this light shine throughout your lives, giving you courage and reassurance in the darkness. May its warmth give you shelter from the cold, and may its energy fill your spirits with strength and joy. Now as you light this candle, may it symbolize that today you become as one…hand in hand, heart to heart, flesh to flesh, and soul to soul.

4. The lighting of the Family Unity Candle symbolizes the blending together of two homes into one home, two families into one family, ____ *(# family members)* hearts into one heart, and many colors into one rainbow. Just as you light your candles together, so may your love for each other light up your lives, both individually and together as a family.

5. These two individual candles symbolize your separate lives, separate families, and separate sets of friends. They represent your lives before today. I ask each of you now to take one of these candles and light the center candle together. Lighting this Unity Candle symbolizes that your two lives are now joined to one light, and your two families and two sets of friends are joined into one circle of love.

6. The lighting of the Unity Candle symbolizes the joining together of your two hands, your two hearts, and your two lives into one. From this moment on, the light of your love burns jointly as you walk down life's pathway together. May the path of life become brighter as the flame of your love grows stronger.

Love~el Amor

Las Tradiciones

La Vela de Unidad

Español

La Vela de Unidad~

Un símbolo de dos convirtiéndose en uno

La Vela de Unidad

1. La Vela de Unidad es el símbolo de la unión que existe entre un hombre y una mujer que entran al terreno sagrado del santo matrimonio. Ya no son dos, sino uno. La Santa Biblia dice, *"Por tanto, dejará el hombre a su padre y a su madre, y se unirá a su mujer y serán una sola carne." (Mateo 19:5)* En una relación matrimonial, un hombre y una mujer dejan un hogar para establecer otro. Estas dos velas representan los hogares individuales en los que crecieron **El Novio** y **La Novia**. La vela central representa el nuevo hogar que están estableciendo hoy, con Cristo como el corazón de ese hogar. Como **El Novio** y **La Novia** se iluminan esta Vela de Unidad, que todos reflexionemos sobre la unión creada este día entre Dios, esta mujer y este hombre.

2. La iluminación de la Vela de Unidad es un símbolo de la unión creada por un hombre y una mujer que entra en el matrimonio. Ya no son dos, sino uno. La Biblia dice: "Por esta razón el hombre dejará a su padre ya su madre y se unirá a su esposa, y los dos serán una sola carne" *(Mateo 19: 5)*. Hoy día, vemos dos personas uniéndose como uno—uno en la carne y como uno en el espíritu. Estas velas simbolizan esa unión. Las dos velas exteriores representan las vidas individuales de **El Novio** y **La Novia** y las familias de las que provienen. La iluminación de esta Vela de Unidad no solo simboliza la unión de estos dos individuos, sino también la unión de sus familias. Que todos reconozcan su importancia continua en la vida del otro, compartiendo la luz de su amor.

3. Cuando las llamas de dos velas individuales se unen, se forma una sola luz más brillante a partir de esa unión. Que el resplandor de esta luz brille siempre en sus vidas, dándoles valor y seguridad en la oscuridad. Que su calor les dé refugio del frío, y que su energía llene sus espíritus de fortaleza y felicidad. Ahora mientras encienden esta vela, que simbolice que hoy ustedes se convierten a uno solo—mano a mano, corazón a corazón, carne a carne, y alma a alma.

4. El incendio de esta vela que representa la unión familiar, simboliza la unión de dos hogares que se convierten a uno solo, dos familias a una sola, *(número de miembros de familia)*____ corazones a uno solo, y muchos colores que forman un solo arco iris. Al igual que encienden sus velas juntas, que su amor mutuo ilumine sus vidas, tanto individualmente como en familia.

5. Estas dos velas individuales simbolizan sus vidas separadas, familias separadas y grupos separados de amigos. Representan sus vidas antes de hoy. Les pido que tomen sus velas individuales y enciendan juntas la vela central. Encender esta Vela de Unidad simboliza que sus dos vidas ahora están unidas a una luz, y sus dos familias y sus dos grupos de amigos se unen en un solo círculo del amor.

6. La iluminación de la Vela de Unidad simboliza la unión de dos manos, dos corazones y dos vidas en uno solo. A partir de este momento, la luz de su amor se quema conjuntamente al caminar por el sendero de la vida juntos. Que el camino de la vida se vuelva más brillante a medida que la llama de su amor se hace más fuerte.

Love ~ el Amor

Bilingual
Unity Candle

English—Spanish

❧

La Vela de Unidad
Bilingüe

Inglés—Español

A symbol of two
becoming one

Un símbolo de dos
convirtiéndose en uno

UNITY CANDLE

1. The Unity Candle is a symbol of the union that exists between a man and a woman who enter the holy estate of matrimony. They are no longer two, but one. The Bible says, *"For this reason a man shall leave his father and mother and be joined to his wife, and the two shall become one flesh."* (Matt. 19:5) In a marriage relationship, a man and a woman leave one home to establish another. These two candles represent the individual homes in which **Groom** and **Bride** grew up. The center candle represents the new home they are establishing today, with Christ as the heart of that home. As **Groom** and **Bride** join together in lighting this Unity Candle, may we all reflect on the union made here this day between God, this woman, and this man.

2. Lighting the Unity Candle is a symbol of the union created by a man and a woman who enter into marriage. They are no longer two, but one. The Bible says, *"For this reason a man shall leave his father and mother and be joined to his wife, and the two shall become one flesh."* (Matthew 19:5) Today, we see two people uniting themselves as one —as one in the flesh and as one in the spirit. These candles symbolize that union. The two outer candles represent the individual lives of **Groom** and **Bride** and the families from which they came. The lighting of this Unity Candle not only symbolizes the coming together of these two individuals, but the joining together of their families, as well. May you all recognize your continuing importance in each other's lives by sharing with each other the light of your love.

3. When the flames of two individual candles join together, a single brighter light is created from that union. May the brightness of this light shine throughout your lives, giving you courage and reassurance in the darkness. May its warmth give you shelter from the cold, and may its energy fill your spirits with strength and joy. Now as you light this candle, may it symbolize that today you become as one…hand in hand, heart to heart, flesh to flesh, and soul to soul.

LA VELA DE UNIDAD

1. La Vela de Unidad es el símbolo de la unión que existe entre un hombre y una mujer que entran al terreno sagrado del santo matrimonio. Ya no son dos, sino uno. La Santa Biblia dice, *"Por tanto, dejará el hombre a su padre y a su madre, y se unirá a su mujer y serán una sola carne."* (Mateo 19:5) En una relación matrimonial, un hombre y una mujer dejan un hogar para establecer otro. Estas dos velas representan los hogares individuales en los que crecieron **El Novio** y **La Novia**. La vela central representa el nuevo hogar que están estableciendo hoy, con Cristo como el corazón de ese hogar. Como **El Novio** y **La Novia** se iluminan esta Vela de Unidad, que todos reflexionemos sobre la unión creada este día entre Dios, esta mujer y este hombre.

2. La iluminación de la Vela de Unidad es un símbolo de la unión creada por un hombre y una mujer que entra en el matrimonio. Ya no son dos, sino uno. La Biblia dice: "Por esta razón el hombre dejará a su padre ya su madre y se unirá a su esposa, y los dos serán una sola carne" *(Mateo 19: 5)*. Hoy día, vemos dos personas uniéndose como uno—uno en la carne y como uno en el espíritu. Estas velas simbolizan esa unión. Las dos velas exteriores representan las vidas individuales de **El Novio** y **La Novia** y las familias de las que provienen. La iluminación de esta Vela de Unidad no solo simboliza la unión de estos dos individuos, sino también la unión de sus familias. Que todos reconozcan su importancia continua en la vida del otro, compartiendo la luz de su amor.

3. Cuando las llamas de dos velas individuales se unen, se forma una sola luz más brillante a partir de esa unión. Que el resplandor de esta luz brille siempre en sus vidas, dándoles valor y seguridad en la oscuridad. Que su calor les dé refugio del frío, y que su energía llene sus espíritus de fortaleza y felicidad. Ahora mientras encienden esta vela, que simbolice que hoy ustedes se convierten a uno solo —mano a mano, corazón a corazón, carne a carne, y alma a alma.

4. The lighting of the Family Unity Candle symbolizes the blending together of two homes into one home, two families into one family, _____ (# family members) hearts into one heart, and many colors into one rainbow. Just as you light your candles together, so may your love for each other light up your lives, both individually and together as a family.

5. These two individual candles symbolize your separate lives, separate families, and separate sets of friends. They represent your lives before today. I ask each of you now to take one of these candles and light the center candle together. Lighting this Unity Candle symbolizes that your two lives are now joined to one light, and your two families and two sets of friends are joined into one circle of love.

6. The lighting of the Unity Candle symbolizes the joining together of your two hands, your two hearts, and your two lives into one. From this moment on, the light of your love burns jointly as you walk down life's pathway together. May the path of life become brighter as the flame of your love grows stronger.

4. El incendio de esta vela que representa la unión familiar, simboliza la unión de dos hogares que se convierten a uno solo, dos familias a una sola, (número de miembros de familia)_____ corazones a uno solo, y muchos colores que forman un solo arco iris. Al igual que encienden sus velas juntas, que su amor mutuo ilumine sus vidas, tanto individualmente como en familia.

5. Estas dos velas individuales simbolizan sus vidas separadas, familias separadas y grupos separados de amigos. Representan sus vidas antes de hoy. Les pido que tomen sus velas individuales y enciendan juntas la vela central. Encender esta Vela de Unidad simboliza que sus dos vidas ahora están unidas a una luz, y sus dos familias y sus dos grupos de amigos se unen en un solo círculo del amor.

6. La iluminación de la Vela de Unidad simboliza la unión de dos manos, dos corazones y dos vidas en uno solo. A partir de este momento, la luz de su amor se quema conjuntamente al caminar por el sendero de la vida juntos. Que el camino de la vida se vuelva más brillante a medida que la llama de su amor se hace más fuerte.

Traditions
Bible, Coins, Lasso, Veil
English

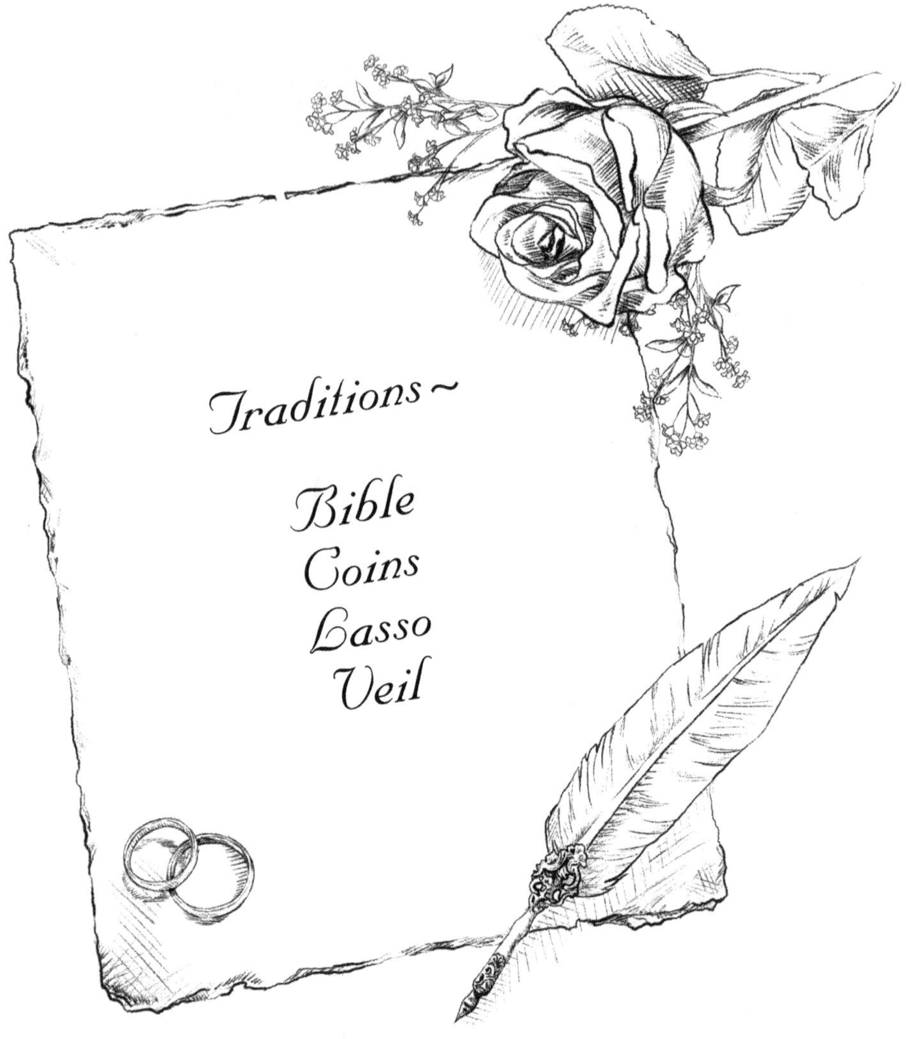
Traditions~
Bible
Coins
Lasso
Veil

Bible, Coins, Lasso, Veil

The Bible, Coins, Lasso, and Veil are hispanic traditions that are symbolic of the spiritual, physical, and emotional elements in a marriage. The Bible symbolizes God's guidance and wise counsel for life's decisions, while the Veil illustrates God's love and protection over their marriage—both spiritual elements. The thirteen Coins, like a dowry, represent the financial support and blessings for their home—physical element. The Lasso signifies the union of their hearts, souls, and lives into one common destiny—emotional element.

Hispanic Traditions

BIBLE~*Spiritual Element*
(After Bride and Groom exchange vows and rings, Sponsors or Padrinos bring the Holy Bible and rosary beads and place them in the hands of the Bride and Groom.)

(As couple holds Bible, Officiant blesses it): Lord, bless this Bible and the lives of those who read it. We know the Holy Bible is the Word of God. We pray that it may be the spiritual guide that will light **Groom** and **Bride's** pathway and will guide them in all their decisions so that their will and God's will are one. Amen.

(Sponsors take the Holy Bible and the rosary beads and sit down.)

COINS~*Physical Element*
(Coin Sponsors bring forth box of coins and empty it into Groom's hands.)

These thirteen coins are a symbol of the care that **Groom** and **Bride** will give in order for their home to have everything it needs. These coins also are a sign of the blessings of God and all the good things they will share together.

(Blessing): Lord, may these coins be a symbol of your provision and favor throughout **Groom's** and **Bride's** lives. Provide them with all they need for their home and family. We give you thanks for all the good things they are going to share because of your many blessings, Lord. Amen.

(Groom drops the coins into the Bride's hands and repeats vows after Officiant.)

(Groom): Bride, receive these thirteen coins / as a symbol of my dedication / in caring for our home / and providing for our family's necessities.

(Bride receives the coins from the Groom and repeats vows after Officiant.)

(Bride): Groom, I accept your gift of dedication, / and I promise on my part / that everything provided / will be used with care / for the benefit of our home and family.

(Sponsors take coins, place them back in box and sit down.)

LASSO~*Emotional Element*

(The Sponsors bring forth the lasso and place it around the shoulders of the Bride and Groom.)

Groom and **Bride**, this lasso represents the eternal ties that bind you together—the union of two hearts into one heart, two souls into one soul, and two lives into one life, now and forever.

(Blessing): Oh Lord, bless this couple as they journey through life together. Unite them into one spirit... hand in hand, heart to heart, flesh to flesh, and soul to soul. Amen.

(Sponsors remove lasso and sit down, unless veil ceremony is included here; if so, lasso remains until veil ceremony is concluded.)

VEIL~*Spiritual element*

(Sponsors bring forth veil and place it over Brides's head and Groom's shoulders and pin to clothes.)

This veil, or mantel, covers the Bride and Groom today, reminding them that Christ covers us with his love. Their new home will be a place where God dwells because they choose to live under the mantel of his love and protection.

(Blessing): Lord, as **Groom** and **Bride** join their lives in marriage, cover them with your love as this veil covers them now. Protect them, strengthen them, and guide them throughout all their days together. And may they always choose to live under the mantel of your love. Amen.

(Sponsors remove veil and lasso and sit down.)

You will need:
- Bible
- rosary beads
- thirteen gold or silver coins in a decorative box or bag
- lasso, cord (or double rosary)
- veil (with pins or clips to hold veil in place)

Las Tradiciones

La Biblia, Las Arras, El Lazo, El Velo

Español

Las Tradiciones~

La Biblia
Las Arras
El Lazo
El Velo

La Biblia, Las Arras, El Lazo, El Velo

La Biblia, las Arras, el Lazo y el Velo son tradiciones hispánicas que simbolizan los elementos espirituales, físicos y emocionales de un matrimonio. La Biblia simboliza la guía de Dios y el sabio consejo para las decisiones de la vida, mientras que el Velo ilustra el amor y la protección de Dios sobre su matrimonio—ambos elementos espirituales. Las trece Arras, como una dote, representan el apoyo financiero y las bendiciones para su hogar—elemento físico. El Lazo significa la unión de sus corazones, almas y vidas en un destino común—el elemento emocional.

Las Tradiciones Hispanas

LA BIBLIA~*Elemento Espiritual*

(Después del intercambio de las promesas y los anillos, los Padrinos traen la Santa Biblia y el rosario y los ponen en las manos de los Novios.)

(Mientras la pareja sostiene la Biblia, el Oficiante la bendice): Señor, bendice esta Biblia y las vidas de aquellos que la leen. Sabemos que la Santa Biblia es la Palabra de Dios. Oramos para que sea la guía espiritual que ilumine su sendero y los guíe en todas sus decisiones para que su voluntad y la voluntad de Dios sean una. Amén.

(Los Padrinos toman la Santa Biblia y el rosario y se sientan.)

LAS ARRAS~*Elemento Físico*

(Los Padrinos traen la caja de arras y la vacían en las manos del Novio.)

Estas trece arras son el símbolo del cuidado que **El Novio** y **La Novia** proveerán para que su hogar tenga todo lo que necesite. Estas arras también son un signo de las bendiciones de Dios y de todos los bienes que compartirán juntos.

(La Bendición): Señor, que estas arras sean un símbolo de tu provisión y favor a lo largo de la vida de **El Novio** y **La Novia**. Proporciónales todo que necesitan para su hogar y su familia. Te agradecemos por todos los bienes que compartirán, gracias a tus bendiciones, Señor. Amén.

(El Novio pone las arras en las manos de la Novia y repite sus promesas después del Oficiante.)

(el Novio): **La Novia**, reciba estas trece arras / como símbolo de mi dedicación / en el cuidado de nuestro hogar / y en atender las necesidades de nuestra familia.

(La Novia recibe las arras del Novio y repite sus promesas después del Oficiante.)

(la Novia): **El Novio**, yo acepto tu regalo de dedicación, / y te prometo de mi parte / que todo lo proporcionado / será usado con cuidado / para el beneficio de nuestro hogar y familia.

(Los Padrinos toman las arras y se sientan.)

EL LAZO~*Elemento Emocional*

(Los Padrinos traen el lazo y lo ponen alrededor de los hombros de los Novios.)

El Novio y **La Novia**, este lazo representa los lazos eternales que los unen—la unión de dos corazones en un corazón, dos almas en un alma, y dos vidas en una sola vida, ahora y para siempre.

(La Bendición): O Señor, bendice a esta pareja ahora que emprenden el camino de la vida juntos. Únelos en un solo espíritu…mano a mano, corazón a corazón, carne a carne, y alma a alma. Amén.

(Los Padrinos quitan el lazo y se sientan, a menos que la ceremonia del velo esté incluido aquí; Si es así, el lazo permanecerá hasta que se complete la ceremonia del velo.)

El VELO~*Elemento Espiritual*

(Los Padrinos traen el velo y lo colocan sobre la cabeza de la Novia y los hombros del Novio y lo fijan a su ropa.)

Este velo, o manto, cubre a los Novios hoy, recordándoles que Cristo nos cubre con su amor. Su nuevo hogar será un lugar donde habita Dios porque eligen vivir bajo el manto de su amor y su protección.

(La Bendición:) Señor, como **El Novio** y **La Novia** se unen a sus vidas en matrimonio, cúbrelos con tu amor como este velo los cubre ahora. Protégelos, fortalécelos, y guíalos a lo largo de todos sus días juntos. Y que siempre elijan vivir bajo el manto de tu amor. Amén.

(Los Padrinos quitan el velo y el lazo y se sientan.)

Ustedes necesitarán lo siguiente:
- la Biblia
- el rosario (optional)
- trece arras de oro o plata en una bolsa o caja decorativa
- el lazo decorativo (o doble rosario)
- el velo (con alfileres para asegurar el velo)

Bilingual
Bible, Coins, Lasso, Veil

English—Spanish

La Biblia, Las Arras, El Lazo, El Velo
Bilingüe

Inglés—Español

Bible ~ la Biblia
Coins ~ las Arras
Lasso ~ el Lazo
Veil ~ el Velo

BIBLE, COINS, LASSO, VEIL

The **Bible**, **Coins**, **Lasso**, and **Veil** are hispanic traditions that are symbolic of the spiritual, physical, and emotional elements in a marriage. The Bible symbolizes God's guidance and wise counsel for life's decisions, while the Veil illustrates God's love and protection over their marriage—both spiritual elements. The thirteen Coins, like a dowry, represent the financial support and blessings for their home—physical element. The Lasso signifies the union of their hearts, souls, and lives into one common destiny—emotional element.

Hispanic Traditions

BIBLE~*Spiritual Element*

(After the exchange of vows and rings, Sponsors or Padrinos bring the Holy Bible and rosary beads and place them in the hands of the Bride and Groom.)

(As couple holds Bible, Officiant blesses it): Lord, bless this Bible and the lives of those who read it. We know the Holy Bible is the Word of God. We pray that it may be the spiritual guide that will light **Groom** and **Bride's** pathway and will guide them in all their decisions so that their will and God's will are one. Amen.

(The Sponsors take the Holy Bible and the rosary beads and sit down.)

COINS~*Physical Element*

(Coin Sponsors bring forth box of coins and empty it into Groom's hands.)

These thirteen coins are a symbol of the care that **Groom** and **Bride** will give in order for their home to have everything it needs. These coins also are a sign of the blessings of God and all the good things they will share together.

(Blessing): Lord, may these coins be a symbol of your provision and favor throughout **Groom's** and **Bride's** lives. Provide them with all they need for their home and family. We give you thanks for all the good things they are going to share because of your many blessings, Lord. Amen.

BIBLIA, ARRAS, LAZO, VELO

La **Biblia**, las **Arras**, el **Lazo** y el **Velo** son tradiciones hispanas que simbolizan los elementos espirituales, físicos y emocionales de un matrimonio. La Biblia simboliza la guía de Dios y el sabio consejo para las decisiones de la vida, mientras que el Velo ilustra el amor y la protección de Dios sobre su matrimonio—ambos elementos espirituales. Las trece Arras, como una dote, representan el apoyo financiero y las bendiciones para su hogar—elemento físico. El Lazo significa la unión de sus corazones, almas y vidas en un destino común—el elemento emocional.

Las Tradiciones Hispanas

LA BIBLIA~*Elemento Espiritual*

(Después del intercambio de las promesas y los anillos, los Padrinos traen la Santa Biblia y el rosario y los ponen en las manos de los Novios.)

(Mientras la pareja sostiene la Biblia, el Oficiante la bendice): Señor, bendice esta Biblia y las vidas de aquellos que la leen. Sabemos que la Santa Biblia es la Palabra de Dios. Oramos para que sea la guía espiritual que ilumine su sendero y los guíe en todas sus decisiones para que su voluntad y la voluntad de Dios sean una. Amén.

(Los Padrinos toman la Santa Biblia y el rosario y se sientan.)

LAS ARRAS~*Elemento Físico*

(Los Padrinos traen la caja de arras y la vacían en las manos del Novio.)

Estas trece arras son el símbolo del cuidado que **El Novio** y **La Novia** proveerán para que su hogar tenga todo lo que necesite. Estas arras también son un signo de las bendiciones de Dios y de todos los bienes que compartirán juntos.

(La Bendición): Señor, que estas arras sean un símbolo de tu provisión y favor a lo largo de la vida de **El Novio** y **La Novia**. Proporciónales todo que necesitan para su hogar y su familia. Te agradecemos por todos los bienes que compartirán, gracias a tus bendiciones, Señor. Amén.

(Groom drops the coins into the Bride's hands and repeats vows):

(Groom): **Bride**, receive these thirteen coins / as a symbol of my dedication / in caring for our home / and providing for our family's necessities.

(Bride receives coins from Groom and repeats vows):

(Bride): **Groom**, I accept your gift of dedication, / and I promise on my part / that everything provided / will be used with care / for the benefit of our home and family.

(Sponsors place coins back in box and sit down.)

LASSO~*Emotional Element*
(The Sponsors bring forth the lasso and place it around the shoulders of the Bride and Groom.)

Groom and **Bride**, this lasso represents the eternal ties that bind you together—the union of two hearts into one heart, two souls into one soul, and two lives into one life, now and forever.

(Blessing): Oh Lord, bless this couple as they journey through life together. Unite them into one spirit…hand in hand, heart to heart, flesh to flesh, and soul to soul. Amen.

(Sponsors remove lasso and sit down, unless veil ceremony is included here; if so, lasso remains until veil ceremony is concluded.)

VEIL~*Spiritual element*
(Sponsors bring forth veil and place it over Brides's head and Groom's shoulders and pin to clothes.)

This veil, or mantel, covers the Bride and Groom today, reminding them that Christ covers us with his love. Their new home will be a place where God dwells because they choose to live under the mantel of his love and protection.

(Blessing): Lord, as **Groom** and **Bride** join their lives in marriage, cover them with your love as this veil covers them now. Protect them, strengthen them, and guide them throughout all their days together. And may they always choose to live under the mantel of your love. Amen.

(Sponsors remove veil and lasso and sit down.)

(El Novio pone las arras en las manos de la Novia y repite sus promesas):

(el Novio): **La Novia**, reciba estas trece arras / como símbolo de mi dedicación / en el cuidado de nuestro hogar / y en atender las necesidades de nuestra familia.

(La Novia recibe las arras del Novio y repite sus promesas):

(la Novia): **El Novio**, yo acepto tu regalo de dedicación, / y te prometo de mi parte / que todo lo proporcionado / será usado con cuidado / para el beneficio de nuestro hogar y familia.

(Los Padrinos toman las arras y se sientan.)

EL LAZO~*Elemento Emocional*
(Los Padrinos traen el lazo y lo ponen alrededor de los hombros de los Novios.)

El Novio y **La Novia**, este lazo representa los lazos eternos que los unen—la unión de dos corazones en un corazón, dos almas en un alma, y dos vidas en una sola vida, ahora y para siempre.

(La Bendición): O Señor, bendice a esta pareja ahora que emprenden el camino de la vida juntos. Únelos en un solo espíritu…mano a mano, corazón a corazón, carne a carne, y alma a alma. Amén.

(Los Padrinos quitan el lazo y se sientan, a menos que la ceremonia del velo esté incluido aquí; Si es así, el lazo permanecerá hasta que se complete la ceremonia del velo.)

EL VELO~*Elemento Espiritual*
(Los Padrinos traen el velo y lo colocan sobre la cabeza de la Novia y los hombros del Novio y lo fijan a su ropa.)

Este velo, o manto, cubre a los Novios hoy, recordándoles que Cristo nos cubre con su amor. Su nuevo hogar será un lugar donde habita Dios porque eligen vivir bajo el manto de su amor y su protección.

(La Bendición:) Señor, como **El Novio** y **La Novia** se unen a sus vidas en matrimonio, cúbrelos con tu amor como este velo los cubre ahora. Protégelos, fortalécelos, y guíalos a lo largo de todos sus días juntos. Y que siempre elijan vivir bajo el manto de tu amor. Amén.

(Los Padrinos quitan el velo y el lazo y se sientan.)

Ceremony Order of Service

English

❧

El Orden del Servicio de la Ceremonia

Español

Vows
Rings
Pronouncement

las Promesas
los Anillos
la Declaración

WEDDING CEREMONY ORDER OF SERVICE

Prelude Music *(20-30 minutes before ceremony begins)*

Lighting of Candles

Seating of Groom's Grandparents

Seating of Bride's Grandparents

Seating of Groom's Parents (or they may accompany Groom)

Seating of Bride's Parents (or they may accompany Bride)

Processional/Entrance begins

Officiant enters

Groom enters alone or with his Mother and/or his Father

Bridesmaids and Groomsmen enter together *(usually)*

Maid/Matron of Honor and Best Man enter together *(usually)*

Ring Bearer(s) and Flower Girl(s) enter together *(usually)*

Bride enters on Escort's left arm or both Mother and Father may accompany her

Welcome/Invocation

Consent of the Bride and Groom

Presentation of the Bride by Escort *(Escort(s) take(s) seat)*

Address and Readings by the Officiant *(others may participate in readings)*

Wedding Vows

Explanation of the Rings

Ring Exchange Vows

Lighting of the Unity Candle *(optional)*

Musical Selection during Unity Candle *(optional)*

Bible, Coins, Lasso, and Veil Traditions *(optional)*

Wedding Blessing

Pronouncement of Marriage

Kiss

Presentation of the Couple *(Mr. and Mrs. _____)*

Recessional/Exit begins

Groom and Bride exit

Ring Bearer(s) and Flower Girl(s) exit together

Best Man and Maid/Matron of Honor exit together

Groomsmen and Bridesmaids exit together

Bride's Parents exit *(or may remain seated for photos)*

Groom's Parents exit *(or may remain seated for photos)*

Bride's Grandparents exit *(or may remain seated for photos)*

Groom's Grandparents exit *(or may remain seated for photos)*

Officiant makes announcements, dismisses guests, then exits

El Orden del Servicio de La Ceremonia

Música Preludio *(20-30 minutos antes de comenzar la ceremonia)*

El Encendido de las Velas

La Entrada de los Abuelos del Novio

La Entrada de los Abuelos de la Novia

La Entrada de los Padres del Novio (o pueden acompañar el Novio)

La Entrada de los Padres de la Novia (o pueden acompañar la Novia)

La Entrada de la Boda comienza

Entra el Oficiante

Entra el Novio solo o acompañado de su Madre y/o su Padre

Entran juntos las Damas y los Caballeros

Entran juntos la Madrina de Honor y el Padrino de Honor

Entran el Paje (los Pajes) de Anillos y la Niña (las Niñas) de Flores

Entra la Novia con su Acompañante o los dos Padres pueden acompañarla

La Bienvenida

El Acuerdo de los Novios

La Presentación de la Novia *(se sienta el Acompañante)*

Las Lecturas por el Oficiante *(otros puedan participar en las lecturas)*

Las Promesas Matrimoniales

La Explicación de los Anillos

El Intercambio de los Anillos Matrimoniales

La Vela de Unidad *(opcional)*

La Selección Musical para la Vela de Unidad *(opcional)*

La Biblia, las Arras, el Lazo, y el Velo *(opcional)*

La Bendición Matrimonial

La Declaración

El Beso

La Presentación de la Pareja *(el Señor y la Señora o los Señores* _____ *)*

La Salida de la Boda comienza

Salen los Novios

Salen el Paje (los Pajes) de Anillos y la Niña (las Niñas) de Flores

Salen el Padrino de Honor y la Madrina de Honor

Salen los Caballeros y las Damas

Salen los Padres de la Novia *(o puedan quedarse sentados para fotos)*

Salen los Padres del Novio *(o puedan quedarse sentados para fotos)*

Salen los Abuelos de la Novia *(o puedan quedarse sentados para fotos)*

Salen los Abuelos del Novio *(o puedan quedarse sentados para fotos)*

El Oficiante hace los anuncios, despide a los invitados, y sale

Wedding Ceremony Formation Diagrams

English

❧

Los Diagramas de Formación Ceremonia

Español

Processional
Altar
Recessional

la Entrada
el Altar
la Salida

Processional Formation #1

Officiant

📖

GROOM

♥

GROOM

♥

Bride's Parents		Groom's Parents
Bride's Grandparents	Bridesmaids Groomsmen	Groom's Grandparents
Bride's Godparents	O X	Groom's Godparents
Bride's Guests	O X	Groom's Guests

Bridesmaids   Groomsmen

O   X
O   X
O   X

Maid of Honor   Best Man

O   X

Flower Girl   Ring Bearer

o   x

BRIDE   Bride's Escort

♥   X

Processional Formation #1

Groom enters alone from back or front (or both parents may escort Groom).
Bridesmaids and Groomsmen enter together.
Maid of Honor and Best Man enter together.
Flower Girl and Ring Bearer enter together.
Bride enters with Escort (or both parents may escort Bride).

La Formación de la Entrada #1

el Oficiante

📖

EL NOVIO

♥

EL NOVIO

♥

los Padres de la Novia	las Damas	los Caballeros	los Padres del Novio
los Abuelos de la Novia	O	X	los Abuelos del Novio
	O	X	
los Padrinos de la Novia	O	X	los Padrinos del Novio
los Invitados de la Novia			los Invitados del Novio

las Damas   los Caballeros

O   X
O   X
O   X

la Madrina de Honor   el Padrino de Honor

O   X

la Niña de Flores   el Paje de Anillos

o   x

LA NOVIA   el Acompañante

♥   X

La Formación de la Entrada #1

El Novio entra solo de la parte trasera o la parte delantera (o sus padres lo pueden acompañar).
Las Damas y los Caballeros entran juntos.
La Madrina de Honor y el Padrino de Honor entran juntos.
La Niña de Flores y el Paje de Anillos entran juntos.
La Novia entra con su Acompañante (o ambos padres la pueden acompañar).

Processional Formation #2

Officiant
📖

GROOM | Best Man | Groomsmen
♥ | X | X X X

Bride's Parents	Bridesmaids	Groom's Parents
Bride's Grandparents	O	Groom's Grandparents
Bride's Godparents	O	Groom's Godparents
Bride's Guests	O	Groom's Guests

Maid of Honor
O

Ring Bearer
X

Flower Girl
O

BRIDE | Bride's Escort
♥ | X

Processional Formation #2

Groom, Best Man, and Groomsmen enter from front.
Bridesmaids enter single file.
Maid of Honor enters alone.
Flower Girl and Ring Bearer enter together or single file.
Bride enters with Escort (or both parents may escort Bride).

La Formación de la Entrada #2

el Oficiante

📖

EL NOVIO	el Padrino de Honor	los Caballeros
♥	X	X X X

los Padres de la Novia	las Damas	los Padres del Novio
	O	
los Abuelos de la Novia	O	los Abuelos del Novio
	O	
los Padrinos de la Novia		los Padrinos del Novio
los Invitados de la Novia	la Madrina de Honor	los Invitados del Novio
	O	

el Paje de Anillos

X

la Niña de Flores

O

LA NOVIA	el Acompañante
♥	X

La Formación de la Entrada #2

El Novio, el Padrino de Honor y los Caballeros entran del frente uno detrás del otro.
Las Damas entran solas una detrás de la otra en fila.
La Madrina de Honor entra sola.
La Niña de Flores y el Paje de Anillos entran juntos o uno detrás del otro.
La Novia entra con su Acompañante (o ambos padres la pueden acompañar).

Recessional Formation #3

Officiant

📖

Bride's Parents	Groom's Mother O	Groom's Father X	Groom's Parents	
Bride's Grandparents	Bride's Mother O	Bride's Father X	Groom's Grandparents	
Bride's Godparents	Bridesmaids O O O	Groomsmen X X X	Groom's Godparents	
Bride's Guests			Groom's Guests	
	Maid of Honor O	Best Man X		
	Flower Girl O	Ring Bearer X		
	BRIDE ♥	GROOM ♥		

Recessional Formation #3

Bride and Groom exit.
Flower Girl and Ring Bearer exit.
Maid of Honor and Best Man exit.
Bridesmaids and Groomsmen exit.
Bride's Parents exit.
Groom's Parents exit.

La Formación de la Salida #3

el Oficiante
📖

los Padres de la Novia	la Madre del Novio O	el Padre del Novio X	los Padres del Novio
los Abuelos de la Novia	la Madre de la Novia O	el Padre de la Novia X	los Abuelos del Novio
los Padrinos de la Novia	las Damas O O O	los Caballeros X X X	los Padrinos del Novio
los Invitados de la Novia	la Madrina de Honor O	el Padrino de Honor X	los Invitados del Novio
	la Niña de Flores O	el Paje de Anillos X	
	LA NOVIA ♥	EL NOVIO ♥	

La Formación de la Salida #3

Los Novios salen.
La Niña de Flores y el Paje de Anillos salen.
La Madrina de Honor y el Padrino de Honor salen.
Las Damas y los Caballeros salen.
Los Padres de la Novia salen.
Los Padres del Novio salen.

Altar Formation #4

Officiant

📖

BRIDE   GROOM

♥   ♥

Maid of Honor   Best Man

O   X

Bridesmaids   O   O   X   X   Groomsmen

Flower Girl   Ring Bearer

O   X

O   X

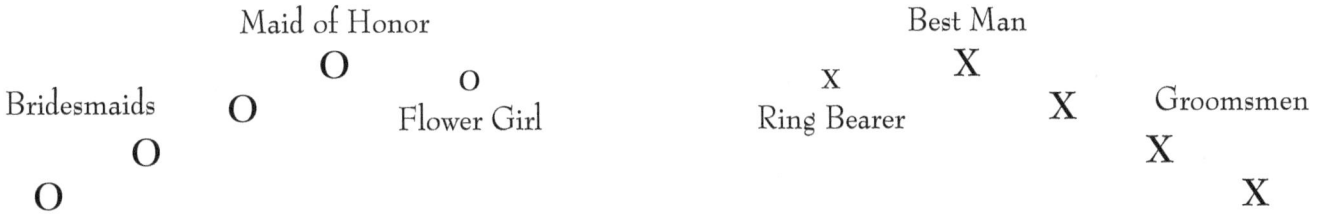

Bride's Parents		Groom's Parents
Bride's Grandparents		Groom's Grandparents
Bride's Godparents		Groom's Godparents
Bride's Guests		Groom's Guests

Altar Formation #4

Bride and Groom stand in center.
Maid of Honor stands beside Bride.
Best Man stands beside Groom.
Bridesmaids and Groomsmen stand in diagonal line.
Flower Girl stands between Bride and Maid of Honor.
Ring Bearer stands between Groom and Best Man.

La Formación del Altar #4

el Oficiante

📖

LA NOVIA   EL NOVIO

♥   ♥

la Madrina de Honor   el Padrino de Honor

O   X

las Damas O   O   X   X los Caballeros

la Niña de Flores   el Paje de Anillos

O   X

O   X

los Padres de la Novia		los Padres del Novio
los Abuelos de la Novia		los Abuelos del Novio
los Padrinos de la Novia		los Padrinos del Novio
los Invitados de la Novia		los Invitados del Novio

La Formación del Altar #4

Los Novios se colocan en el centro.
La Madrina de Honor se coloca al lado de la Novia.
El Padrino de Honor se coloca al lado del Novio.
Las Damas y los Caballeros se colocan en una línea diagonal.
La Niña de Flores se coloca entre la Novia y la Madrina de Honor.
El Paje de Anillos se coloca entre el Novio y el Padrino de Honor.

Altar Formation #5

Officiant
📖

Maid of Honor
O

Best Man
X

BRIDE   **GROOM**
♥   ♥

Groomsmen and Bridesmaids
  X   O

O
Flower Girl

X
Ring Bearer

Bridesmaids and Groomsmen
  O   X

X   O

O   X

Bride's Parents		Groom's Parents
Bride's Grandparents		Groom's Grandparents
Bride's Godparents		Groom's Godparents
Bride's Guests		Groom's Guests

Altar Formation #5

Bride and Groom stand in center.
Maid of Honor and Best Man stand beside and slightly in front of Bride and Groom.
Bridesmaids and Groomsmen stand as couples in a diagonal line.
Flower Girl and Ring Bearer stand beside and behind Bride and Groom.

La Formación del Altar #5

el Oficiante

📖

la Madrina de Honor   el Padrino de Honor

O   X

EL NOVIA   EL NOVIO

♥   ♥

los Caballeros y las Damas   las Damas y los Caballeros

X   O   O   X   O   X

la Niña de Flores   el Paje de Anillos

X   O   O   X

los Padres de la Novia	los Padres del Novio
los Abuelos de la Novia	los Abuelos del Novio
los Padrinos de la Novia	los Padrinos del Novio
los Invitados de la Novia	los Invitados del Novio

La Formación del Altar #5

Los Novios se colocan en el centro.

La Madrina de Honor y el Padrino de Honor se colocan al lado y enfrente de los Novios.

Las Damas y los Caballeros se colocan como parejas en una línea diagonal.

La Niña de Flores y el Paje de Anillos se colocan al lado y detrás de los Novios.

Wedding Rehearsal Worksheets

English

⁂

El Formulario del Ensayo

Español

Practice makes Perfect!

¡la Práctica hace
la Perfección!

WEDDING REHEARSAL QUESTIONS

Names of Wedding Party and Family Members

Groom (formal name)

_____

Bride (formal name)

_____

Groom (familiar name)

_____

Bride (familiar name)

_____

Best Man

_____

Maid/Matron of Honor

_____

Groomsmen

_____
_____
_____
_____
_____
_____

Bridesmaids

_____
_____
_____
_____
_____
_____

Groomsmen and Bridesmaids enter ❑ as couples ❑ single file

Ring Bearer(s)

_____
_____
_____

Flower Girl(s)

_____
_____
_____

Ring Bearer and Flower Girl enter ❑ together ❑ individually

Parents

_____
_____
_____
_____

Escort

_____
_____
_____
_____

Grandparents

_____
_____
_____
_____

Escort

_____
_____
_____
_____

Who is the Bride's Escort? _____

What is the Escort's response for the presentation of the Bride (Consent—Who presents this woman...)?

    ❏ Her father   ❏ Her mother and her father   ❏ Her family   ❏ I do   ❏ We do

Is there a veil that covers the Bride's face? ❏ Yes ❏ No

Who lifts the veil? _____ When? _____

The vows are ❏ read by the Bride and Groom ❏ repeated after the Officiant

Who will have the rings?
- ❏ Ring Bearer   ❏ Officiant
- ❏ Best Man   ❏ Sponsors of the Rings
- ❏ Maid/Matron of Honor   ❏ Other _____

Is there a Unity Candle? ❏ Yes ❏ No

Who will light the two side candles? _____

When? ❏ before ceremony ❏ during Unity Candle ceremony   With what? ❏ lighter ❏ candle

Is there music during the Unity Candle? ❏ Yes ❏ No

Will you include any hispanic traditions? ❏ Yes ❏ No

We will include the traditions of the ❏ Bible ❏ Coins ❏ Lasso ❏ Veil ❏ Pillow

Who will present the Bible? _____

Who will present the Coins? _____

Who will present the Lasso? _____

Who will present the Veil? _____

Who will present the Kneeling Pillow? _____

How shall the Officiant introduce the newlyweds at the Presentation?

(Mr. and Mrs.) _____

The Parents and Grandparents will ❏ exit following the Bridal Party ❏ remain seated for photographs

After the ceremony, what announcements should the Officiant make?

_____

Where do the guests go for the reception? _____

Do you have the marriage license? ❏ Yes ❏ No

(You must obtain marriage license no more than 90 days and no less than 72 hours before hour of wedding.)

NOTE: Please complete the Formation Diagrams for Entrance, Exit and Altar Formations. *(pp. 185-190)*

LAS PREGUNTAS DEL ENSAYO

Nombres de la Corte Nupcial y los Miembros de la Familia

el Novio (nombre formal)

_____

la Novia (nombre formal)

_____

el Novio (nombre familiar)

_____

la Novia (nombre familiar)

_____

el Padrino de Honor

_____

la Madrina de Honor

_____

los Padrinos de Boda

_____
_____
_____
_____
_____

las Damas de Honor

_____
_____
_____
_____
_____

los Padrinos y las Damas entran ❑ como parejas ❑ individualmente

el Paje/los Pajes de Anillos

_____
_____
_____

la Niña/las Niñas de Flores

_____
_____
_____

el Paje/los Pajes de Anillos y la Niña/las Niñas de Flores entran ❑ juntos ❑ individualmente

los Padres

_____
_____
_____

el Acompañante

_____
_____
_____

los Abuelos

_____
_____
_____

el Acompañante

_____
_____
_____

¿Quién es el Acompañante de la Novia? _____

¿Cómo responde el Acompañante para la presentación de la Novia (el Acuerdo—¿Quién presenta a la Novia…)?

❏ Su padre ❏ Su padre y su madre ❏ Su familia ❏ Yo la presento ❏ Nosotros la presentamos

¿Hay un velo que cubre la cara de la Novia? ❏ Sí ❏ No

¿Quién levanta el velo? _____ ¿Cuándo? _____

Las promesas matrimoniales serán ❏ leídos por los Novios ❏ repetidos después del Oficiante

¿Quién llevará los anillos?

❏ el Paje de Anillos   ❏ el Oficiante

❏ el Padrino de Honor   ❏ los Padrinos de Anillos

❏ la Madrina de Honor   ❏ Otro _____

¿Hay una Vela de Unidad? ❏ Sí ❏ No

¿Quiénes encienden las dos velas laterales? _____

¿Cuándo? ❏ antes de la ceremonia ❏ durante la Vela de Unidad ceremonia ¿Con qué? ❏ encendedor ❏ vela

¿Hay música durante el encendido de la Vela de Unidad? ❏ Sí ❏ No

¿Incluirán algunas tradiciones hispanas? ❏ Sí ❏ No

Incluiremos las tradiciones de ❏ la Biblia ❏ las Arras ❏ el Lazo ❏ el Velo ❏ el Cojín

¿Quién presentará la Biblia? _____

¿Quién presentará las Arras? _____

¿Quién presentará el Lazo? _____

¿Quién presentará el Velo? _____

¿Quién presentará el Cojín? _____

A la presentación, ¿cómo se deberán presentar los Novios por el Oficiante?

(el Señor y la Señora/los Señores) _____

Los Padres y los Abuelos ❏ salen después de la Corte Nupcial ❏ se quedan sentados para las fotos

Al fin de la ceremonia, ¿qué anuncios deberá hacer el Oficiante?

_____

¿A dónde van los invitados para la recepción? _____

¿Ya tienen la licencia de matrimonio? ❏ Sí ❏ No

(Tienen que obtener la licencia no más de 90 días y no menos de 72 horas antes de la hora de la boda.)

NOTA: Favor de completar los Diagramas de Formación para la Entrada, la Salida y el Altar. *(pp. 185-190)*

Processional Formation Diagram

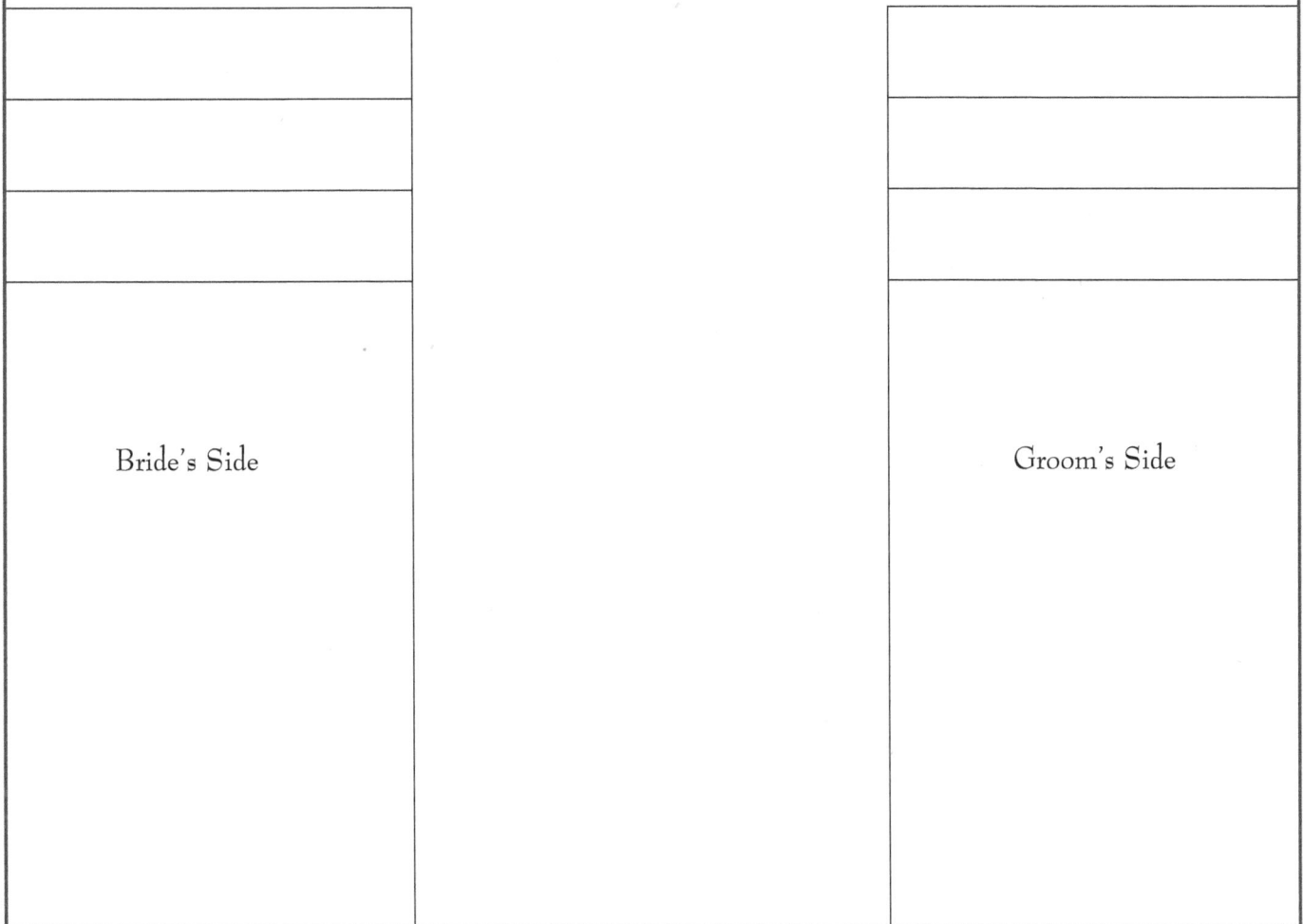

Bride's Side

Groom's Side

Processional Formation Worksheet

Use this rehearsal worksheet diagram for placement of guests, family members, and
Bridal Party for the Processional Formation. Use key below and insert appropriate names.

Key:
♥ Bride and Groom   X Men   x Boys
📖 Officiant   O Women   o Girls

el Diagrama de Formación de la Entrada

el lado de la Novia

el lado del Novio

el Diagrama de Formación de la Entrada

Utilice este diagrama de formación del ensayo para la colocación de los invitados,
los miembros de la familia, y la Corte Nupcial para la Formación de la Entrada.
Utilice la guía por debajo e inserte los nombres apropiados.

Key: ♥ los Novios   X los Hombres   x los Niños
       📖 el Oficiante   O las Mujeres   o las Niñas

Recessional Formation Diagram

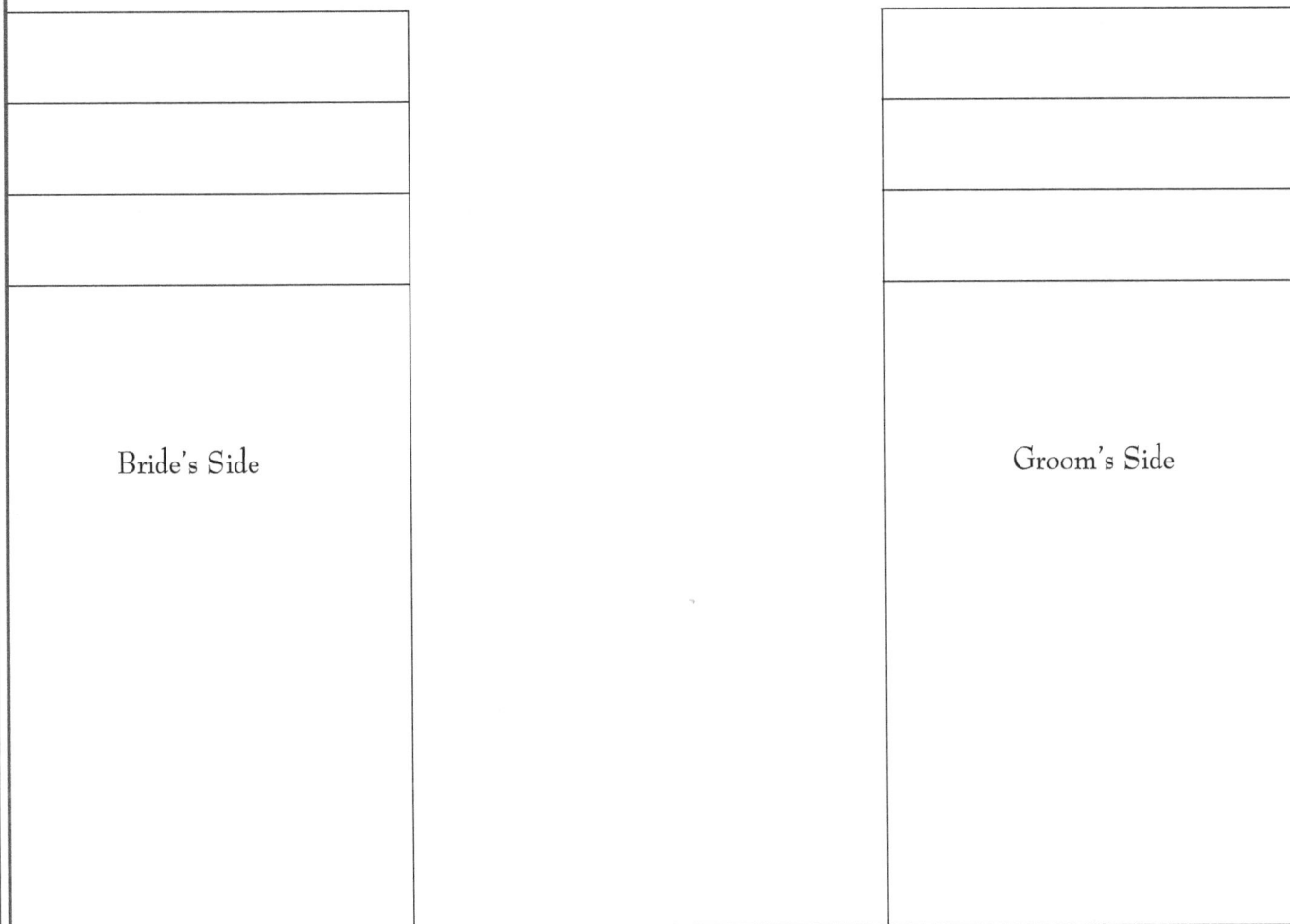

Bride's Side

Groom's Side

Recessional Formation Worksheet

Use this rehearsal worksheet diagram for placement of guests, family members, and Bridal Party for the Recessional Formation. Use key below and insert appropriate names.

Key: ♥ Bride and Groom   **X** Men   **x** Boys
      📖 Officiant   **O** Women   **o** Girls

el Diagrama de Formación de la Salida

el lado de la Novia

el lado del Novio

el Diagrama de Formación de la Salida

Utilice este diagrama de formación del ensayo para la colocación de los invitados, los miembros de la familia, y la Corte Nupcial para la Formación de la Salida. Utilice la guía por debajo e inserte los nombres apropiados.

Key:
♥ los Novios   X los Hombres   x los Niños
📖 el Oficiante   O las Mujeres   o las Niñas

Altar Formation Diagram

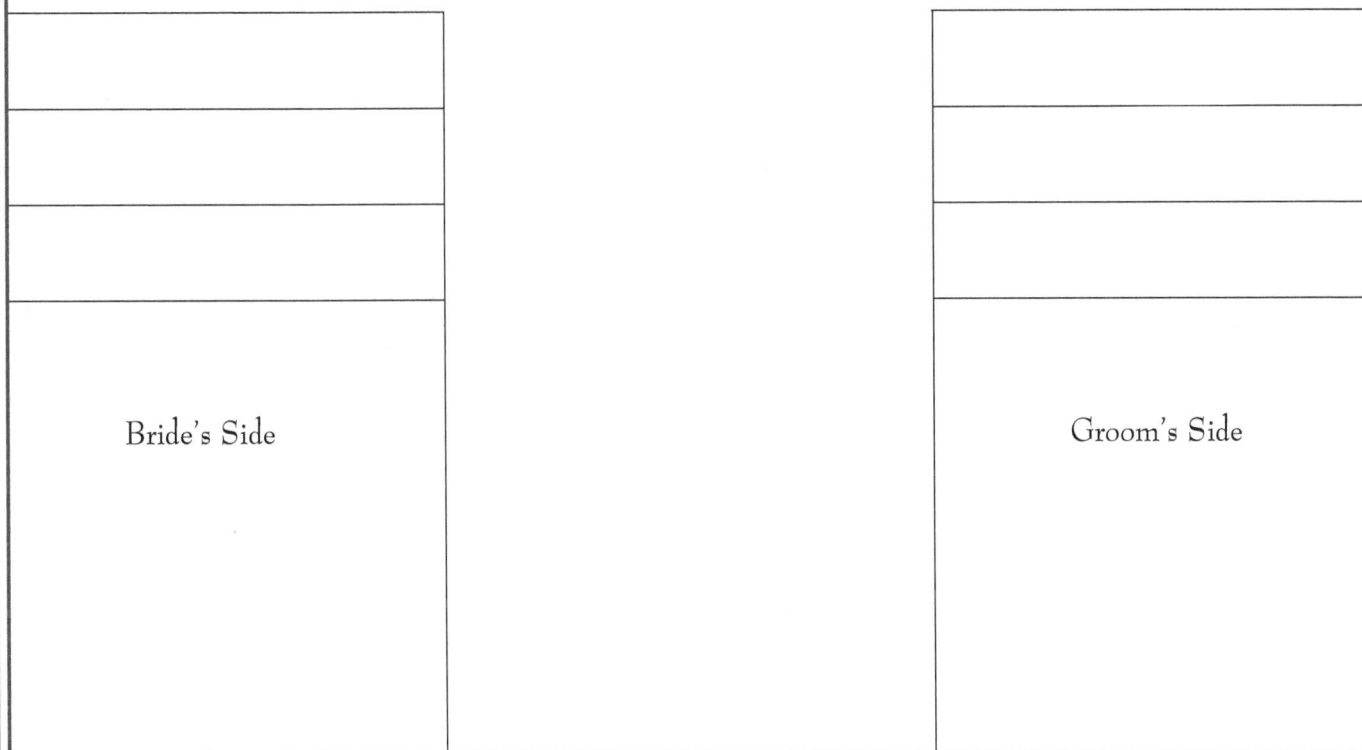

Bride's Side

Groom's Side

Altar Formation Worksheet

Use this rehearsal worksheet diagram for placement of guests, family members,
and Bridal Party for the Altar Formation. Use key below and insert appropriate names.

Key: ♥ Bride and Groom   X Men   x Boys
       📖 Officiant   O Women   o Girls

el Diagrama de Formación del Altar

el lado de la Novia

el lado del Novio

el Diagrama de Formación del Altar

Utilice este diagrama de formación del ensayo para la colocación de los invitados,
los miembros de la familia, y la Corte Nupcial para la Formación del Altar.
Utilice la guía por debajo e inserte los nombres apropiados.

Key: ♥ los Novios   **X** los Hombres   **x** los Niños
     📖 el Oficiante   **O** las Mujeres   **o** las Niñas

Ceremony Worksheets

English

✲

El Formulario
de la Ceremonia

Español

Perfect words for the perfect wedding!

¡Palabras perfectas para la boda perfecta!

Wedding Ceremony Worksheet

SELECT THE LANGUAGE FOR YOUR CEREMONY

❏ English   ❏ Spanish   ❏ Bilingual (English and Spanish)

Option One: Select a complete ceremony exactly as written

COMPLETE CEREMONY *(exactly as written)*

❏ Traditional *(religious)*   ❏ Contemporary *(semi-religious)*   ❏ Civil *(non-religious)*

—— *OR* ——

Option Two: Personalize your ceremony by choosing the following

WELCOME *(choose one)*

❏ Traditional   ❏ Contemporary   ❏ Civil

CONSENT *(choose one)*

❏ Traditional   ❏ Contemporary   ❏ Civil

ADDRESS *(choose one)*

❏ Traditional   ❏ Contemporary   ❏ Civil

READINGS *(choose as many as you wish—1 or 2 is typical)*

❏ 1a   ❏ 1b   ❏ 2a   ❏ 2b   ❏ 3   ❏ 4   ❏ 5   ❏ 6   ❏ 7   ❏ 8   ❏ 9   ❏ 10

WEDDING VOWS *(choose two—one for Groom and one for Bride)*

❏ 1   ❏ 2a   ❏ 2b   ❏ 3   ❏ 4   ❏ 5   ❏ 6   ❏ 7   ❏ 8

EXPLANATION OF THE RINGS *(choose one)*

❏ 1   ❏ 2   ❏ 3   ❏ 4   ❏ 5   ❏ 6

RING EXCHANGE VOWS *(choose two—one for Groom and one for Bride)*

❏ 1   ❏ 2   ❏ 3   ❏ 4   ❏ 5   ❏ 6   ❏ 7   ❏ 8

UNITY CANDLE *(choose one)*

❏ 1   ❏ 2   ❏ 3   ❏ 4   ❏ 5   ❏ 6

PRAYERS AND BLESSINGS *(choose one)*

❏ 1   ❏ 2   ❏ 3   ❏ 4   ❏ 5   ❏ 6

PRONOUNCEMENT *(choose one)*

❏ Traditional   ❏ Contemporary   ❏ Civil

HISPANIC WEDDING TRADITIONS *(choose as many as you wish)*

❏ Bible   ❏ Coins   ❏ Lasso   ❏ Veil

CEREMONY FORMATION DIAGRAMS *(choose one from each category)*

Processional: ❏ #1   ❏ #2   Altar: ❏ #3   ❏ #4   Recessional: ❏ #5   ❏ #6

El Formulario de La Ceremonia

SELECCIONE EL IDIOMA PARA SU CEREMONIA

❏ Inglés ❏ Español ❏ Bilingüe (Inglés y Español)

La Primera Opción: Elija una ceremonia completa exactamente como está escrita

LA CEREMONIA COMPLETA *(exactamente como está escrita)*

❏ Tradicional *(religiosa)* ❏ Contemporánea *(semi-religiosa)* ❏ Civil *(no religiosa)*

—— O ——

La Segunda Opción: Personalice su ceremonia al elegir lo siguiente

LA BIENVENIDA *(elija una)*

❏ Tradicional ❏ Contemporánea ❏ Civil

EL ACUERDO *(elija uno)*

❏ Tradicional ❏ Contemporáneo ❏ Civil

LA HOMILÍA *(elija una)*

❏ Tradicional ❏ Contemporánea ❏ Civil

LAS LECTURAS *(elija tantas como quiera—1 o 2 es típico)*

❏ 1a ❏ 1b ❏ 2a ❏ 2b ❏ 3 ❏ 4 ❏ 5 ❏ 6 ❏ 7 ❏ 8 ❏ 9 ❏ 10

LAS PROMESAS MATRIMONIALES *(elija dos—una para el Novio y una para la Novia)*

❏ 1 ❏ 2a ❏ 2b ❏ 3 ❏ 4 ❏ 5 ❏ 6 ❏ 7 ❏ 8

LA EXPLICACIÓN DE LOS ANILLOS *(elija una)*

❏ 1 ❏ 2 ❏ 3 ❏ 4 ❏ 5 ❏ 6

EL INTERCAMBIO DE LOS ANILLOS *(elija dos—uno para el Novio y uno para la Novia)*

❏ 1 ❏ 2 ❏ 3 ❏ 4 ❏ 5 ❏ 6 ❏ 7 ❏ 8

LA VELA DE UNIDAD *(elija una)*

❏ 1 ❏ 2 ❏ 3 ❏ 4 ❏ 5 ❏ 6

LAS ORACIONES Y LAS BENDICIONES DEL MATRIMONIO *(elija una)*

❏ 1 ❏ 2 ❏ 3 ❏ 4 ❏ 5 ❏ 6

LA DECLARACIÓN *(elija una)*

❏ Tradicional ❏ Contemporánea ❏ Civil

LAS TRADICIONES HISPANAS *(elija tantas como quiera)*

❏ la Biblia ❏ las Arras ❏ el Lazo ❏ el Velo

LOS DIAGRAMAS DE FORMACIÓN CEREMONIA *(elija uno de cada categoría)*

la Entrada: ❏#1 ❏#2 el Altar: ❏#3 ❏#4 la Salida: ❏#5 ❏#6

WEDDING TERMS~LAS PALABRAS DE BODA

Wedding Party/Bridal Party~la Corte Nupcial, el Cortejo Nupcial, la Comitiva Nupcial, la Corte de Honor

Groom~el Novio; **Bride**~la Novia; **Bride and Groom**~los Novios

Best Man~el Padrino de Honor, el Padrino de Boda

Maid of Honor~la Madrina de Honor, la Dama de Honor

Groomsmen~los Padrinos/los Caballeros (de Boda); **Groomsman**~el Padrino/el Caballero (de Boda);

Bridesmaids~las Damas (de Honor); **Bridesmaid**~la Dama (de Honor)

Ring Bearer~el Paje/el Pajecito/el Pajecillo de Anillos, el Niño de Anillos, el Portador de Anillos

Flower Girl~la Paje/la Pajecita de Flores, la Niña de Flores, la Niña de Pétalos, la Damita de Honor

Groom's Parents~los Padres del Novio; **Groom's Grandparents**~los Abuelos del Novio

Bride's Parents~los Padres de la Novia; **Bride's Grandparents**~los Abuelos de la Novia

Godparents/Sponsors~los Padrinos; **Godfather**~el Padrino; **Godmother**~la Madrina

Priest~el Cura, el Sacerdote; el Padre; **Minister**~el Ministro, el Pastor, el Reverendo

Judge~el Juez, el Juez de la Paz; **Officiant**~el Oficiante; **Celebrant**~el Celebrante

Newlyweds~los Recién Casados; **Married Couple**~los Casados; **Mr. and Mrs.**~el Señor y la Señora

Spouses~los Esposos; **Husband**~el Esposo; **Wife**~la Esposa; **Man and Wife**~el Hombre y la Mujer

Witnesses~los Testigos; **Witness (male or female)**~el Testigo

Guests~los Invitados; **Guest (male)**~el/un Invitado; **Guest (female)**~la/una Invitada

Church~la Iglesia; **Church Wedding**~Casarse por la Iglesia; **Chapel**~la Capilla

Courthouse/Registry Office~el Palacio de Justicia/el Juzgado; **Courthouse Wedding**~Casarse por lo Civil

Presentation/Giving of Bride~la Entrega de la Novia

Wedding Vows~los Votos de Boda, los Votos Matrimoniales, las Promesas Matrimoniales

Wedding Ring~el Anillo de Matrimonio, el Anillo de Boda, el Anillo Matrimonial, la Alianza de Matrimonio

Engagement Ring~el Anillo de Compromiso; **Engagement (act)**~el Compromiso; **(period)**~el Noviazgo

Ring Exchange~el Intercambio de los Anillos

Bridal Bouquet~el Ramo de la Novia

Bible, Coins, Lasso, Veil (traditions)~la Biblia, las Arras, el Lazo, el Velo (las tradiciones)

Unity Candle~la Vela de Unidad; **Candles**~las Velas; **Candelabra**~el Candelabro

Kiss~el Beso; **Love**~el Amor

Pronouncement of Marriage~la Declaración de Matrimonio

Wedding Blessing~la Bendición Matrimonial; **The Lord's Prayer**~la Oración del Señor

Rosary~el Rosario

Father, Son and Holy Spirit~el Padre, el Hijo y el Espíritu Santo; **Virgin Mary**~la Virgen María

Wedding Ceremony~la Ceremonia de Boda, la Ceremonia Nupcial; **Wedding**~la Boda; **Mass**~la Misa

Wedding Reception~la Recepción de Boda, la Recepción Nupcial

Marriage~el Matrimonio, el Casamiento

Honeymoon~la Luna de Miel; el Viaje de Novios

Marriage Certificate~el Certificado de Matrimonio, la Licencia de Matrimonio; el Registro de Matrimonio

*...and they lived
happily ever after!*

*...y ellos vivieron
felices para siempre!*

www.ingramcontent.com/pod-product-compliance
Lightning Source LLC
Chambersburg PA
CBHW082355270326
41935CB00013B/1625